L'âme est scientifique

Un peu d'astronomie

Ouvrages du même auteur,

Collection « Vladimyriade » :

Le projet « Vladikite » - Len

Le songe d'Anne de Kiev – Henri-1er et Anne de France – Len

Fin du monde à Bugarach – Len

Conceptions cosmologiques – Len

La particule spirituelle – Len

NSEA Allers et Retours spatiaux – Lys Editions Amatteis

Mars conquête décisive – Len

Cosmos-21 Len

Projets en cours :

Les eaux mêlées d'Azov

Vladimyriade

Site : http://vladex.unblog.fr et http://vladi.unblog.fr

Wladimir Vostrikov

L'âme est scientifique

Un peu d'astronomie

Lys Éditions Amatteis

First Printing: 2018

ISBN : 978-2-86849-304-0-9000

Lys Éditions Amatteis

 BP 32 - 77190 DAMMARIE LES LYS
tel :0660550560
SIRET 33291715200032
http://77livres.fr email : editions.am@tteis.fr

Ordering Information:
Special discounts are available on quantity purchases by corporations, associations, educators, and others. For details, contact the publisher at the above listed address.

Prix spéciaux prévus, contacter l'éditeur.

Je remercie sincèrement les éditions « Lys Editions Amatteis » et son fondateur Maurice Amatteis, pour son aide précieuse à tous les niveaux.

Collection « Vladimyriade »

Introduction

Chaque année de nouvelles pensées viennent s'ajouter aux précédentes parce qu'on a cru avoir trouvé du nouveau. En fait ce n'est pas du nouveau qu'on trouve, ce sont souvent des réflexions qui viennent comme enrichir celles qu'on avait avant. Croyant les débroussailler on s'aperçoit qu'on explique mieux les choses mais qu'on retombe bizarrement sur une pensée étudiée déjà très concluante. C'est ce que je dois admettre, car très certainement le cheminement de mes réflexions a déjà emprunté un itinéraire ressemblant à celui que je propose de suivre et que la conclusion se trouve déjà dans « mes conceptions cosmologiques ». Dieu existe mais ne s'occupe de rien, Il nous laisse à notre liberté, nos soucis, nos malheurs et nos joies qui sont bien temporaires pour tous les mortels, personne n'est à envier, nous sommes tous voués à suivre un chemin bien ressemblant. Peut-être fait-il cela pour sa propre satisfaction personnelle et nous réconforte simplement en nous faisant comprendre qu'on suit tous un même parcours, après, toutes les âmes demeurent dans sa gloire mais mélangées en ayant perdu notre personnalité à laquelle nous tenions le plus. Mais oui l'âme est scientifique, elle peut s'expliquer par la science et elle est éternelle. Est-ce bien ou non, nous ne le savons pas – on verra comme on a déjà vu. Je propose une vue interne de ce que peut être notre âme sans jamais avoir l'intention d'heurter une croyance, une religion ou une non croyance. A chacun de savoir où il va. Ma réflexion est existentielle. Dans ma jeunesse j'étais impressionné par Jean-Paul Sartre et je ne l'écoutais pas attentivement surtout lorsqu'il martelait ses pensées, mais justement à force de marteler comme les litanies d'une religion, bien des choses sont restées en moi alors qu'à l'époque d'une adolescence indécise j'avais d'autres chats à fouetter que d écouter un professeur d'université philosophe qui coupait les cheveux en quatre. L'existentialisme j'en suis convaincu ne veut pas signifier athéisme aveugle. Alors qu'il était assis sur un banc à Paris à réfléchir en tournant de tous les côtés une pierre, celle-ci était pour lui une source d'une infinie richesse.

Chaque jour une nouvelle découverte, un nouvel enrichissement – je découvre la réalité d'une étoile géante rouge, je m'en rends compte seulement maintenant, j'y avais déjà pensé bien entendu, mais de telles dimensions : Si elle se trouvait au centre du Soleil, ses limites engloberait l'orbite de notre Terre autour du Soleil, certaines engloberaient jusqu'à l'orbite de Jupiter, 20 à 30 U.A et plus autour de notre étoile. Cette année mon recueil concerne aussi l'univers et l'observation du ciel et quelques événements marquants.

L'univers est aussi spirituel

Les raisons du Mysticisme religieux, les stupéfiantes banalités, puis l'existentialisme et la cosmogonie, voilà de quoi réfléchir et j'espère, s'inspirer. A la fin de ce recueil, je vous indiquerai comment rebondir, comment doivent se discipliner les vieillards. Je parle des vieillards parce qu'ils sont les plus exposés au désespoir ou plutôt à la non acceptation docile du résultat du bagage de leur vie. Il paraît un peu équivoque d'attribuer un tel état mental dans le sens d'un « rebondissement » lié à un certain âge, c'est pourquoi j'en conviens cet état d'esprit peut aussi atteindre les femmes et les hommes d'âge mûr, mais aussi les jeunes gens et les jeunes filles, voire même les enfants. Aussi j'invite ceux qui commencent à douter de tout - jeunes et vieux à réfléchir avec moi en passant par les étapes que nous franchissons inévitablement au cours de notre vie. La réponse que je me fais sera à la fin de mon propos, mais avant d'y arriver, suivons le parcours de nos réflexions au cours de notre cheminement existentiel, sans aller dans des détails personnels, car si l'on parle de soi, on peut s'écrire un gros bouquin qu'on lira tout seul. Alors inévitablement chacun pense au fameux « d'où on vient, qu'est-ce qu'on fait là et où allons nous ». Une autre réflexion tacite en nous est aussi bien « émerveillement et détresse de l'âme ». Inconscient serait l'humain qui ne se poserait aucune de ces interrogations et qui vivrait dans un univers individualiste uniquement matérialiste, mais s'il franchit le pas, il touche au spirituel, il doit se décider à choisir entre deux options, à savoir s'il rêve ou s'il doit prendre une décision irrévocable en toute conscience. Il me semble avoir enfin réussi à trouver une réponse à mes interrogations latentes depuis des décennies et à force de trop réfléchir comme chacun je suppose, il devient nécessaire d'arriver à une conclusion qui peut permettre de continuer à vivre tout simplement dans la sérénité. D'innombrables titres me passent par la tête pour ce que je viens de redécouvrir, mais je dois choisir pour ne pas outrepasser d'autres pensées, je veux l'éclatement de la vérité, qu'elle soit d'une surprenante clarté (vous aurez reconnu une affirmation d'Einstein). Dieu ou moi, qui est venu le premier à mon entendement – je crois que c'est moi, même s'il nous a créés ainsi que la matière et le rayonnement, tout le reste est détail de l'évolution. C'est tellement clair.

Les dangers de l'astrophysique

Parfois je me demande, en réfléchissant en essayant de se placer à la place des astronomes et des astrophysiciens – leurs travaux sont passionnants c'est entendu, on peut consacrer des heures, des journées, des mois et des années à décortiquer leurs travaux et découvertes et les analyser avec une véritable passion. Il est impossible de s'ennuyer, les domaines sont infinis, ils touchent à tout de l'infiniment grand à l'infiniment petit, du cosmique au quantique ce fameux lien qu'ils essayent de concilier. Puis ce tout est mathématique, physique, chimique et aussi métaphysique lié à la pensée du cerveau humain. Ce n'est pas un hasard si les astrophysiciens mentionnent bien souvent le facteur humain psychique, la réflexion humaine et les « dogmes » établis par les penseurs de l'antiquité et par ceux du temps des lumières, Sigmund Freud, Friedrich Nietzsche et tant d'autres. Qu'il se passe quoi que ce soit dans l'univers, qu'est-ce qu'on en a à faire, si l'on ne réfléchit pas pourraient se dire les roches, les étoiles et les planètes dépourvus de vie, mais la vie incite à réfléchir et comprendre son fonctionnement et celui de la matière. En réfléchissant de trop, on pourrait dézinguer comme cela est arrivé à de très nombreuses personnes devenues benoîtement «folles» mais on peut aussi rester les pieds sur terre tout en réfléchissant, alors l'univers se dessine. On arrive à le comprendre, mais un autre danger subsiste néanmoins, c'est que l'univers tout entier puisse devenir relatif et l'infiniment grand rejoindre l'infiniment petit. On pourra alors croire que la Terre est devenue « petite », les régions sont petites, les pays sont petits – tout a rapetissé ! C'est le danger de l'astrophysique.

L'Univers est aussi spirituel. Cette réflexion est incontournable me suis-je dis. Cosmos, en ton rayonnement et tes ondes est notre esprit. Notre esprit ou plutôt notre âme rejoint les ondes spirituelles du cosmos en tout temps, avant, maintenant et après, mais qu'advient-il de notre conscience, vraisemblablement rien, même à coup sûr rien, pourrait-on conclure comme le font spontanément les athées. Comme les poètes les plus attachants, les plus grands savants, chaque individu, tous se morfondent dans la même question : comprendre le « rien », se l'imaginer. C'est impossible et difficile à admettre même si chacun y est astreint. Une fois cette notion bien assimilée cela permet de profiter amplement de la vie ou de ce qu'il en reste. Bien prendre soin des siens et de son corps. Manger des fruits et des légumes, des céréales, des choses saines, un peu d'alcool que l'homme a inventé avec le sourire, manger et boire sainement et faire le bien. Ayant atteint les trois quart d'un siècle, je m'étais dit, « ça y est je suis vieux ». Je suis vieux mais je ne le ressentais pas encore vraiment – dans ma tête tout est comme avant, puis peu à peu je me rendais compte qu'un rien me fatiguait, soulever des objets lourds me faisait mal au dos depuis longtemps mais là quelque chose avait changé – il fallait me reposer. Après, n'importe quel effort, n'importe quel travail dans le jardin ou une absence prolongée de notre maison, comme faire les courses dans les magasins environnants, bricoler à la maison – repos obligé après chaque effort. C'est après soixante-dix ans que j'ai vraiment compris qu'une certaine étape venait de passer. Je me fatigue pour un rien de nouvelles petites douleurs surviennent. Je pense qu'à cet âge il faut prendre sur soi les événements, car personne ne les prendra à notre place. Des solutions, il y en a bien entendu. Quand on prend sur soi il faut réfléchir à bon escient, prendre des initiatives et surtout ne pas se laisser aller, car se laisser aller est l'attitude la plus simple au monde. L'être humain a la faculté de rebondir. C'est son côté force de caractère qui le fait se dépasser quelles qu'en soient les circonstances. L'être humain peut avoir de très nombreux sursauts pour guérir des nombreuses attaques contre son corps physique et mental. Il rebondit. Il rebondit et tout va mieux, mais il passe aussi par des étapes de profondes réflexions, quel qu'en soit l'âge.

Suite aux univers élégants, univers chiffonnés, univers en expansion ou en rétraction, univers spirituel peut compléter une niche comme on les appelle maintenant, une idée originale ou une nouvelle interrogation. Une niche qui peut même sembler manquer dans le domaine scientifique, le domaine quantique en science des particules élémentaires, me disais-je encore. Mais non cette niche a déjà été exploitée, chacun à sa manière parfois rébarbative, parfois farfelue, souvent complexe s'étalant dans de nombreuses directions – scientifique d'abord, spirituelle parfois, trop spirituelle d'autres fois et des disciplines méditatives. J'ai parfois évité de trop me plonger dans les conceptions des grands penseurs et j'ai remarqué que souvent leur œuvre peut se résumer à une ou plusieurs citations essentielles. J'ai voulu d'abord regarder avec mes propres yeux, écouter avec mes propres oreilles, mettre en mémoire dans les circuits complexes de mes neurones, les circuits des autres et assimiler ce qu'instinctivement mon cerveau m'ordonne de remiser dans les fins fonds de ma mémoire, car trop d'information tue l'essentiel, trop de parole, trop de mots anéantissent le conscient de l'instant présent. C'est pareil pour chacun de nous. C'est d'abord à nous de formuler la compréhension de nos idées et utiliser les références historiques par la suite pour enrichir notre propos, comme dans les dissertations. Réfléchir au but vers lequel on se lance, à la suite des choses déjà assimilées, la réflexion incite à aiguiser notre curiosité et l'on peut dire que les découvertes sont souvent à tomber par terre de stupéfaction. Dès qu'on aborde la spiritualité, des auteurs de tous acabits surgissent comme des gourous sûrs d'eux, autoritaires, prétentieux doctrinaires ou chose étrange modestes, créant sectes, écoles et sociétés comme Rudolf Steiner avec des discours critiquables d'un côté et les hautes autorités religieuses bien ancrées dans les mœurs, aussi bien de l'hémisphère nord que dans l'hémisphère sud de notre planète. Bref le sujet est embarrassant car il touche aux croyances et aux convictions les plus profondément enracinées dans l'esprit des humains, l'âme. L'âme est-elle issue de Dieu, est-elle éternelle, a-t-elle quelque chose à voir avec Dieu lui-même, survit-elle à la mort, quel est son comportement avant la naissance, pendant la vie et après la vie dans sa relation avec Dieu ou non. Pourquoi tant de questions qui ne se résolvent jamais. A mon humble avis, la réponse est dans la rhétorique dont abusent allègrement les beaux parleurs, les affabulateurs de tous temps, tous en quête de notoriété et de pouvoir. L'occultisme est leur terrain de jeux, l'incompréhension, le mystère et la peur de ce qu'on ne connait pas, tout cela leur donne de l'imagination à formuler des réponses persuasives et convaincantes. Leur auditoire adhère aux explications sans chercher à comprendre quoi que ce soit sous peine de réprimandes bien élaborées des autorités établies.

D'un autre côté, la réflexion mène à la confirmation qu'on a peine à imaginer, incroyable, tellement elle est banale. Pas à pas, lentement, chaque étape franchie paraît banale, car l'on est jamais le seul à l'avoir fait, beaucoup d'autres les ont franchies avant nous. En creusant en profondeur, chaque étape est stupéfiante et d'autant plus stupéfiant est le résultat de plusieurs étapes comme en mathématiques, lorsqu'il aboutit à une conclusion concrète, claire et inaltérable comme en science. La pensée est autrement plus abstraite.

Stephen Hawking

Une position réitérée entre 2011 et 2017 de Stephen Hawking interpelle brusquement le monde scientifique et me fait penser à Albert Jacquard. Voici ce qu'on pouvait lire dans l'article du « World Daily Report du 8 mars 2015, une déclaration de Stephen Hawking : - Intelligent design, highly probable ».

J'avais donné mon avis dans un blog anglais : En d'autres mots Stephen Hawking revient sur ses affirmations antérieures et cela prouve son sens de jugement sur les questions les plus profondes que se pose l'être humain. Bob Flanagan, un journaliste ajoute dans son article du 8 mars 2015, Stephen Hawking admet qu'une Intelligence suprême est hautement probable, alors qu'avant l'univers n'avait pas besoin de Dieu pour se réaliser. Cette intelligence hautement probable n'est pas qualifiée de dieu, il s'agirait d'autre chose qu'il faudrait décortiquer chez le découvreur des trous noirs...

Le physicien anglais théoricien et cosmologiste a surpris la communauté scientifique la semaine dernière lorsqu'il a annoncé lors d'un discours à l'Université de Cambridge qu'il croyait qu'une certaine forme d'intelligence était en fait derrière la création de l'Univers. Se présentant devant les étudiants de l'Université de Cambridge, le scientifique de renommée mondiale a déclaré que ses années de recherche sur la réalisation du cosmos lui ont permis d'isoler un facteur scientifique « étrange » qu'il dit être à bien des égards contraire aux lois universelles de la physique. Ce phénomène étrange qu'il nomme le « facteur Dieu », serait à l'origine du processus de création et aurait joué un grand rôle dans la détermination de la forme actuelle de l'Univers. Stephen-Hawking lors de sa conférence, se remémore l'expérience de mort proche (NDE) de son frère, qui était cliniquement mort pendant 43 minutes après une attaque cardiaque en octobre de la même année. Cet événement a radicalement changé son point de vue sur la nature de la conscience humaine et de l'Univers dans son ensemble. « Mon frère a toujours été un modèle pour moi. Sa rationalité, son esprit neutre ont façonné ma personnalité et la personne que je suis aujourd'hui, c'est lui qui m'a conduit vers l'étude de l'univers fascinant de la physique. Mais depuis son accident d'octobre dernier, c'est un homme changé » a-t-il rappelé. « Il m'a dit et décrit l'existence d'un être sensible d'un autre monde, différent de celui des mortels qui l'ignorent, il m'a parlé de Dieu » dit-il à l'assistance visiblement surprise par ces affirmations. « La science moderne s'appuie sur le fait de la perception consciente logée dans le cerveau humain, mais ce que mon frère a connu au cours de sa mort clinique, je ne peux pas l'expliquer. Est-ce que la conscience se trouve en dehors du corps humain? Le cerveau humain est juste un récepteur, capable de recevoir des ondes de la conscience comme les ondes que captent les radios sur les longueurs AM / FM ? Les adeptes d'un ordre nouveau mondial qui bouleversera toutes les conceptions actuelles selon eux, pensent que notre corps est une sorte « d'usufruit » que nous utilisons le temps de notre séjour sur Terre, autrement dit, nous empruntons notre corps à la nature que nous devons restituer automatiquement à la terre après notre mort (qu'on le veuille ou non). Ce sont des questions auxquelles la science moderne n'a pas encore répondu et celles-ci pourraient redéfinir notre vision de l'univers et de la physique moderne, tout entière » a-t-il déclaré. « Nous ne nous attendions pas à une telle déclaration » a déclaré le chef du département d'astrophysique, John Bairns, puis il a ajouté « Je suis tout simplement perplexe, je ne sais pas quoi dire » aux journalistes locaux. « En 40 années, en tant que physicien, penser que l'Univers est une entité vivante n'a jamais traversé mon esprit. Je l'avoue, Dr Hawking nous a donné beaucoup à réfléchir » a encore ajouté poliment, le professeur John Bairns. Ces déclarations du cosmologiste aux nombreuses reconnaissances de ses pairs ont provoqué un grand émoi dans la communauté scientifique, certains affirment même publiquement qu'il serait temps pour lui de prendre sa retraite et que même les grands esprits peuvent s'égarer. Stephen Hawking a depuis publié une réfutation à ses détracteurs, insistant sur le fait que conception intelligente n'apporte en rien une preuve que Dieu existe, mais seulement qu'une « Force » comme divine a joué un rôle dans la création de notre Univers, il y a environ de cela 13,8 milliards d'années.

Ce qui en fin de compte ne change rien à sa déclaration, il est peut-être devenu temporairement mystique !

Stephen Hawking est maintenant dans l'éternité en ce jour du 14 mars 2018.

Stephen Hawking avait été jeune, lui aussi. Il faut se le rappeler jeune, élégant le regard préoccupé et inspiré, les cheveux abondants, c'était à l'époque lorsqu'il était heureux avec sa première femme, ils faisaient l'admiration à eux deux et surtout lorsque la maladie l'avait atteint avant la trentaine. C'était l'époque aussi dans les années soixante, lorsqu'il avait commencé à étonner le monde scientifique avec des résultats stupéfiants de ses recherches dans les domaines physique, mathématique, astrophysique et philosophique – résultats d'une intelligence exceptionnelle qui ont bousculé les bases mêmes de tous les fondements astrophysiques. Personnellement je crois en la science et je suis persuadé de l'éternité de certaines ondes, comme les ondes électromagnétiques. Je pense que ce genre d'ondes peut expliciter d'une certaine manière les faits étranges suivants: Stephen Hawking décède le jour du décès d'Isaac Newton, à trois cents années d'intervalle, de qui il avait hérité la chair d'astrophysique de l'université de Cambridge, et le jour de la naissance d'Albert Einstein. Cela semble bizarre. Tous les trois sont interdépendants d'une certaine onde, ou longueur d'onde commune. Il n'est pas contraire à la Science d'affirmer que les ondes électromagnétiques se propagent jusque dans l'éternité.

J'ai suivi le parcours de Stephen Hawking depuis les années soixante-dix depuis que mon père m'avait parlé un jour de la théorie des « Trous noirs », théorie qui avait déjà été soupçonnée mathématiquement mais pas décrite concrètement comme l'avait fait et démontré Stephen Hawking. Mon père ne m'avait pas dit que j'avais son âge, heureusement car j'aurais déprimé. Dans l'éternité il trouvera d'autres facettes encore plus extraordinaires. Athée ou agnostique, tous lui disent dans le monde anglophone « Rest in peace » – « Repose en paix ».

Particules élémentaires et approche spirituelle.

Il convient d'inclure dans la nomenclature des particules élémentaires les éléments ondulatoires dont les basiques sont l'onde électromagnétique, le photon et le neutrino. Confins de l'univers, bords ou rebords inabordables, essayons d'approcher au moins des concepts communément supposés et admis. Ceux des trous noirs, leur horizon et les bords extrêmes qui en font l'infini selon les estimations et les calculs des astrophysiciens Stephen Hawking, son ami Roger Penrose, Sakharov, Einstein et bien d'autres. Je viens de découvrir que Roger Penrose se dégage d'une manière extraordinaire dans son étude de l'âme en tant que « cerveau quantique », je crois que c'est de lui que je me sens le plus en accord. On peut être vraiment étonné qu'au vingt et unième siècle existent encore des adeptes du créationnisme et je me suis dis « peut-on ignorer » ce que racontent des illuminés ou des archéologues pourtant d'une grande culture et d'une certaine notoriété ou doit-on simplement rayer de notre entendement leurs allégories étonnantes. Il est intéressant de contrevenir à nos propres convictions et se plonger dans des mystères de l'histoire du monde, l'histoire de notre Terre et des humains. Incontestablement, à chaque fois que je m'y plonge, je ne peux m'en détacher sereinement, quelque chose attire toujours et encore malgré le temps qui passe, malgré une certaine expérience accumulée. On peut penser qu'il s'agit de l'éducation que l'on reçoit dès le plus jeune âge et que celle-ci s'incruste pour toujours dans notre être, notre pensée définitive. L'éducation progressive personnelle de mon entourage est basée sur ce qu'on appelle communément le judéo-christianisme parmi d'autres gnoses mystiques. Au cours du cheminement de la vie et à travers les étapes franchies, des découvertes se réalisent par les études d'abord, par la lecture, les conférences, les médias, la société et il semble irrémédiable de faire des choix. Toutes les conceptions mystiques peuvent être brusquement stoppées lorsqu'on le décide, alors qu'on les concevait avant comme une barrière infranchissable. On peut déroger à ce qui a été imposé par la religion depuis fort longtemps assimilée à force de litanies et de dogmes incessamment répétés à longueur d'années, selon les saisons, les mois, les jours et les heures au cours d'une journée. Comment s'interdire de se mettre à l'écoute des chercheurs qui ont été déterrer des archives incroyablement complexes à décortiquer, comme des plaquettes d'argile au Moyen Orient et surtout en Égypte comportant des textes hiéroglyphes, interprétés, traduits, éclaircis, étonnants, récents entre 1945 et le vingt et unième siècle, sans oublier bien avant Champollion mort à 41 ans. Comment rester imperturbable après la lecture des textes d'égyptologues, de chercheurs qui ont su interpréter les découvertes qui s'étalent sur toutes les constructions mystérieuses sur notre planète en prouvant clairement les relations qui existent entre elles depuis plus de 30,000 ans. Comment ne pas être sidéré par la démonstration que l'Égypte avait peut-être utilisé de la part d'intelligences extra terrestres des formules aboutissant précisément à π 3,1416…des dizaines de milliers d'années avant Archimède, ϕ (phi) avant les alchimistes du moyen âge mystique avec leur suite de Fibonacci qualifiée de « suite divine » celle de 1,618 et les carrés magiques bases des pyramides. Soit, mais la pensée personnelle est certainement la plus décisive, puisqu'on fait la synthèse de toutes les connaissances accumulées, chacun pour soi, uniquement pour soi.

Une approche spirituelle concernant notre présence sur Terre est certainement dans la continuité d'un enseignement religieux, sous l'emprise d'une religion chrétienne ou autre ou même le Bouddhisme ou l'Indouisme, sans entrer dans les subtilités du divin. Certainement beaucoup pensent qu'après la mort on retrouve nos disparus, les nôtres et qu'en quelque sorte l'on se réjouisse de croire qu'on se retrouvera, parmi eux, infiniment plus nombreux qui ont quitté la vie. Une incommensurable joie envahirait l'âme du défunt à son arrivée dans l'autre dimension, il y aurait de quoi cela va sans dire. Les premiers à rencontrer seraient certainement tous ceux qui nous ont précédés d'abord, mais les premières âmes à se bousculer parmi toutes les autres pour se frayer un passage seraient la mère, le père, la famille. La joie, les sourires de tous qui ne seraient point vieux et en une saine apparence - les proches, les amis, les autres après. Et puis il y aurait aussi une certaine notion de temps apaisée, non terrestre, cosmique ou même imaginaire. Au bout d'un lapse de temps, on se rangerait, on se calmerait dans l'ouate transcendantale de la quintessence, puis l'on accueillerait comme l'auront fait ceux qui nous auraient accueillis, les derniers arrivés avec une priorité absolue pour les membres de sa famille. On espère toujours rester sur Terre le plus longtemps possible, rarement, mais cela arrive que l'on souhaite la quitter avant l'échéance mystérieuse et surprenante. Échéance naturelle ou selon les aléas de la vie, dans des périodes aléatoires toutes possibles, telles qu'enfance, adolescence, âge mûr, cinquantaine, troisième âge et grande vieillesse – Généralement, c'est la dernière étape qui tend vers cette ultime solution. Pourtant l'ultime parcours d'une vie est la plus riche. Ou alors les choses sont différentes. On quitte la vie et notre esprit s'éteint simplement comme une bougie. Dans ce cas il faut réfléchir, rien à redouter car de toute façon l'échéance ne fait pas de choix parmi les humains, chacun son tour y passe et après – plus rien en une fraction de seconde. Avant – stop et souvenirs pour ceux qui restent encore temporairement. Une spéculation personnelle me fait dire que l'âme est propre à chacun. Dans les ultimes instants, cela doit être comme si la vie n'a jamais été vécue, c'est l'instant qui compte. Cet instant s'éteint comme cette bougie citée plus haut, puis rien ne subsiste de la pensée humaine ou animale, pourquoi différencier les êtres faits de chair, de sang et d'esprit. Je veux dire oui l'intelligence humaine est supérieure mais pas la souffrance, je n'apprécie pas du tout la bêtise de René Descartes lorsqu'il qualifie les animaux de « machines ».

Penser matérialisme.

Les morts sont inhumés, transpercés par les neutrinos, rapidement transformés par la décomposition, la géhenne, car la décomposition entame immédiatement un processus que la médecine, la science appelle l'autophagie. C'est la raison pour laquelle au bout de quelques minutes très courtes, l'on ne peut plus réanimer un corps que la vie a quitté. La vie a été stoppée par une crise cardiaque suite à un infarctus par exemple qui aurait pu se révéler remédiable dans un lapse de temps très court de quelques minutes, mais plus le temps passe, plus un retour à la vie est aléatoire et devient impossible. Après c'est trop tard. Un corps réanimé peut garder des séquelles plus ou moins lourdes jusqu'à la fin de vie véritable. La disparition du vivant est biologique. Les particules élémentaires se dispersent mais ne s'anéantissent pas. On peut aussi dire que le fantôme des corps de personnes incinérés peut venir rôder et aussi chatouiller les pieds des vivants, car il y a tout le reste, qui englobe le côté spirituel.

On peut être tenté par une approche sentimentale, les souvenirs et se laisser à encore méditer. Cette attitude est la plus difficile à supporter pour ceux qui restent, ceux qui se rendent compte tout à coup qu'ils sont les prochains. Chacun le ressent soi-même, mais il y a toujours quelqu'un pour nous le rappeler comme si nous ne le savions pas nous-mêmes, âmes charitables. Des mots, des phrases des sons reviennent constamment à l'esprit et l'on a l'impression que le disparu est là, comme d'habitude, lorsqu'on est ensemble.

Si je regarde une photo je me dis, mais tu es là, avec moi, avec nous. Est-ce que la vie n'a été jusque là qu'illusion ou est-elle illusion seulement maintenant, malgré toutes les apparences vraies de ce qui a été avant ? Non ce n'est malheureusement pas illusion, c'est la triste, la réelle, l'effroyable, l'impitoyable réalité. On peut pousser plus loin encore, et si la réalité n'est qu'illusion ? Réincarnation peut-être et parfois cela semble flagrant de sens et de réalité. Les petits oiseaux viennent se poser sur le rebord de la barrière ou sur le portail avec leur regard énigmatique et insistant, comme s'ils me connaissaient, insolents ils attendent ma réaction, moi je pense comme ma femme, qu'ils attendent les graines qu'elle leur donne sur les plateformes des colonnes du portail – mais ils ont autre chose à communiquer : « Mais tu ne vois pas que je suis là ? ». Les réincarnations peuvent être multiples et les oiseaux n'en sont qu'une partie, les autres aspects peuvent prendre forme en un corps humain, homme ou femme après le stade de l'enfance différent du nôtre. Comme dans nos rêves, où l'on est tout ce qui nous passe par la tête endormie... Ce n'est pas parce qu'on croit mais plutôt parce qu'on sent intrinsèquement au plus profond de notre être, qu'il doit y avoir quelque chose plutôt que rien, la question est quoi ? Cela peut être « rien » également.

Les très grands artistes, peintres, musiciens, compositeurs s'aperçoivent-ils de l'incroyable beauté de ce qui est réalisé, par eux-mêmes mais aussi par autrui, que tant de richesse créée n'a pu se réaliser sans qu'il y ait une inspiration créatrice divine ou une intelligence esthète dans l'au-delà qui impacte l'œuvre ? Comment l'être humain a-t-il pu atteindre un tel degré de compétence, au sens même du beau qui dépasse l'entendement. Devant cette question le doute s'installe chez les plus athées et aussi chez les agnostiques, alors que les gnostiques attribuent automatiquement un tel don à Dieu. Dans l'évolution darwinienne tout se perfectionne constamment. Dans le passé de l'humanité toute l'évolution s'était réalisée dans un sens plutôt positif d'un état stagnant vers un état amélioré, puis de l'état amélioré vers un état meilleur, toujours meilleur, étonnant, excellent, parfait jusqu'à l'état merveilleusement indescriptible (uniquement dans l'art). Comment un artiste a-t-il pu atteindre un niveau inimaginable, incommensurable de sans faute et de beauté. A ce stade, Mstilav Rostropovitch le très grand violoncelliste était convaincu, sans évoquer sa propre situation de génie car il était modeste, que l'explication de la beauté, de la profondeur des sentiments devait nécessairement provenir du Créateur, une autre explication était impossible à son entendement. Rostropovitch parlait de Beethoven, Bach, Brahms, Chostakovitch, Moussogsky, Britten…et de bien d'autres comme les interprètes géniaux qu'étaient aussi ses amis, Yehudi Menhuin. Rostropovitch jouait sans partitions devant lui, comme Menhuin – tout était enregistré dans leur cerveau, les moindres détails parmi des centaines de milliers – on peut comprendre qu'un ordinateur le fasse aisément, mais à part cette mémoire des partitions avec leurs notes, rythme, signes > ou <, les dièses, les bécarres, les bémols, les croches, doubles, triples, quadruples, noires, blanches, rondes, soupirs du demi au seizième, silences, les clés et les octaves… l'incroyable dextérité mentale et physique font le génie de l'artiste qui crée un sentiment envoutant, divin. Une telle perfection du compositeur à l'artiste ne peut être que divine pensent certains mêmes chez les scientifiques, alors que d'autres penchent plutôt vers l'évolution des compétences, le talent, la dextérité, le dépassement de soi dans le sens d'améliorer ce qui a déjà atteint le plus haut niveau. Les grands génies ont pour la plupart commencé à jouer d'un instrument de musique très tôt dans leur petite enfance, peut-être poussés par les parents puis encouragés par l'entourage des maîtres jusqu'à atteindre la perfection et le partage avec le monde. Virtuoses pianistes, violonistes et autres. Mais pourquoi doit-on chaque jour essayer apprendre davantage de choses, s'améliorer et toujours essayer de comprendre l'incompréhensible avant de passer dans le néant où tout ne servira à rien. Pourquoi a-t-on besoin d'acquérir un maximum de notions de toutes choses de la vie, du monde, de l'univers jusqu'au dernier moment comme pour présenter le total des acquisitions à son créateur ou disparaître avec. On peut avoir un sentiment de regret et se dire quel dommage de laisser se perdre tant de richesse, mais personne n'y peut rien, l'être humain veut toujours en apprendre davantage jusqu'au bout, même pour rien. Mstislav Rostropovitch que j'ai vu en remontant les Champs Elysées en mars 2004 lorsque je sortais de l'agence d'Aéroflot, lui s'y rendait certainement. Je n'avais pas voulu le déranger, il semblait dans ses pensées et serein, il portait un long imperméable clair avec son cartable, il était grand, c'était encore un retour à Moscou où il est décédé en avril 2007. Son amitié indéfectible avec Alexandre Soljenitsyne.

On s'en souvient comme si tout cela était hier, Washington, Paris et Moscou. Dix années ont déjà passées.

Pourquoi insistez-vous à vous référer aux grands philosophes de l'antiquité grecque, aux panthéistes, de l'Extrême Orient bouddhique, haïku, shiatsu et que sais-je encore, les religions. Laissez-nous penser et réfléchir nous-mêmes et si d'aventure nos pensées croiseront celles de Bouddha ou celles d'un autre instigateur d'une ligne de pensée ou même d'une religion et bien ce sera un hasard qui prouvera qu'on peut penser par soi-même et se porter en parallèle avec les plus grands esprits anciens ou contemporains. Les particules élémentaires disparaissent d'une vision directe, elles sont invisibles, mais pas dans la réalité intrinsèque du vivant issu de la matière, à ces endroits elles existent bel et bien. Par évaporation, par dissolution, dispersion dans d'autres milieux comme celui de la terre ou de l'atmosphère, dans l'air. Les couches de l'atmosphère rencontrent des processus complexes de dilution avec le carbone, l'hydrogène, l'oxygène, l'azote, le gaz carbonique... des particules se rencontrent aussi et se transmutent en se combinant aux ondes électromagnétiques, en énergie et autres nuages et poursuivent des courses à travers le cosmos par des voies plus ou moins rapides. Ondes courtes ou longues atteignant la vitesse de la lumière, la dépassant, ou même l'instantanéité. Le rôle des neutrinos est de la plus grande importance selon les scientifiques. Le fait qu'un tiers des neutrinos peut se transformer est un phénomène qui interpelle. (tau-muon, etc) Cette transformation fait qu'ils traversent toute la matière comme une aiguille dans du beurre. Les neutrinos traversent la matière, les planètes, toutes les couches terrestres incluant les restes des corps humains et animaux sous terre ou dont les particules flottent dans les différentes couches atmosphériques ou cosmiques. Non seulement du vivant des espèces animales et de l'être humain, leurs ondes spirituelles voguent constamment dans le cosmos, mais en font partie aussi les réminiscences électromagnétiques ondulatoires des milliards de milliards des corps terrestres depuis des millénaires disparus, à l'infini. Ondes et particules, photoniques, électromagnétiques, combinées, c'est inévitable lorsqu'on baigne dans l'espace-temps. Aurais-je enfin découvert quelque chose après une traque de longues années qui a perturbé ma vie ? Je n'en suis pas sûr, ou du moins j'ai bien peur qu'on puisse me comparer aux cartomanciennes ou à des mages indélicats, ou à des astrologues délirants, ou à des scientifiques qui jettent la corde un peu trop loin dans des spéculations qui ont tout apparence de logique, mais qui ne peuvent être prises en considération ne venant pas d'un des leurs. Tant pis, je veux simplement partager avec toi lecteur, car tu as senti à quoi je pense. Le corps n'est qu'une étape plus ou moins réjouissante, agréable ou pénible, intelligente, extraordinaire, banale ou décevante. Avant il y avait certainement quelque chose. Puis ce quelque chose se prolonge et continue avec le corps pendant la vie et après c'est peut-être ce qu'on a déjà connu avant, peut-être cette quintessence bizarre et incompréhensible, mais sinon où se trouve l'explication des raisons d'un tel parcours ? L'esprit, l'âme est une force qui sera découverte par la science, peut-être est-ce déjà fait et les choses deviennent plus compréhensibles lorsqu'on les débusque, et deviennent d'une incroyable simplicité, comme selon une pensée de Einstein. J'avais pensé que les neutrinos pouvaient être comme des vecteurs de la pensée. Ils traversent tout sans problème et en toute discrétion selon les astrophysiciens. Ils traversent le temps et l'espace à partir du big bang et du centre des étoiles (lui aussi directement du big bang) et transportent un petit résidu dans les « taus » et les « muons » lors de leur transformation fantomatique qui pour le vivant est de première importance, c'est-à-dire sa présence éphémère dans la réalisation biologique sur terre et aussi sa continuation ailleurs dans le cosmos, d'autant plus pour les « bosons » intermédiaires W+, W- et Z° de force nucléaire faible. Ce qui est stupéfiant dans ces bosons, alors qu'on en saisit pas l'utilité, c'est leur durée de vie qui n'est que de 1sec.expo -25, mais en quantité de milliards de milliards elles jouent un rôle essentiel, il paraît qu'on ne les connaissait pas avant les années 1930 (Enrico Fermi). Ces particules s'enrichissent dans le cosmos et se réalisent à nouveau sur des planètes susceptibles d'accueillir la vie. Après un certain délai que la chimie leur octroie, les particules continuent leur épopée à travers le cosmos d'une façon continue. Une chose primordiale à laquelle ne dérogent pas en principe les physiciens en physique quantique est « l'unitarité ». Cette propriété ne concerne pas uniquement le domaine quantique puisqu'elle inclut aussi les plus grosses masses de l'univers qui disparaissent dans l'entonnoir des trous noirs lorsqu'elles franchissent l'infranchissable horizon au-delà duquel rien ne peut plus être retenu. Si les physiciens s'interdisent de penser selon cette propriété de « l'unitarité » et leurs calculs que rien ne puisse s'échapper au-delà de l'horizon d'un trou noir, ni les particules élémentaires, les gaz, les ondes, ou les photons, tous ne partagent pas toutefois cette théorie. Les trous noirs tournent à la vitesse de la lumière voire plus vite. Au bout du trou noir, rien ne sort, tout est englouti même si cela prend des milliards d'années. Or la propriété indéfectible de « l'unitarité » datant de Lavoisier « rien ne se perd, rien ne se crée, tout se transforme » ne permet pas qu'elle soit modifiée ou altérée. Il y a néanmoins des ajustements qui ont été appliqués par des physiciens. En fait le philosophe grecque Anaxagore de Clazomènes né en 500 avant J.C. et mort en 427 av. J.C. avait déjà exprimé cette pensée profonde dans des mots légèrement différents. Il n'y a ni création, ni destruction; il y a seulement union et séparation d'éléments déjà existants, de sorte que la naissance n'est que l'agrégation et la mort la séparation de ces éléments. Sinon la matière, la radiation pourrait être éternelle. Une nouvelle nuance à plusieurs facettes est apparue récemment dans la théorie des trous noirs, postulant qu'aux confins de la « singularité » c'est-à-dire au-delà de la pointe du cône s'ouvrirait non seulement le possible anéantissement, mais au contraire comme une résurgence dans l'antimatière et se créerait « un trou blanc ouvert > ». Cette théorie pourrait être appliquée jusqu'au domaine des particules élémentaires, des mini-trous noirs aux mini-trous blancs. De l'un des stades à l'autre à partir de l'instant où se confrontent trous noirs aux trous blancs, matière et antimatière – en conclusion le résultat historique serait celui de

« l'annihilation » semble-t-il en toute logique. Mais si tout dépend d'une autre dimension de temps, ouvert dans le cône blanc, ce serait une résurgence de type ><. Nous y avons déjà tous séjourné très longtemps et nous y retournerons jusqu'à l'éternité du temps universel. Comment s'y retrouvera-t-on est la grande question, mais certainement sous une forme très différente qui nous est bien plus familière que la vie temporelle. C'est étrange, mais cela pourrait être comme ça. On peut lire aussi que, non seulement les galaxies de l'univers seraient vouées à l'enfouissement dans les entonnoirs qui se trouvent en leur centre, mais que l'univers tout entier serait comme programmé à suivre cette voie inextricable. Mais alors s'il y a ce fameux « rien » la procédure ressemble beaucoup au big bang avec sa singularité initiale qui semblait partir d'un « rien ». Et si ce « rien » n'était en fin de compte le condensé de l'univers précédent, tout le processus ne serait qu'un éternel recommencement avec big bang et big crunch et « big boucle » en ce moment. Dans la théorie des cordes chaque galaxie est un univers séparé des autres avec ses spécificités avec naissance et big crunch jusque dans l'entonnoir d'où sort en fin de compte le condensé de ce qui inquiète les physiciens, de l'information universelle avec matière et flux spirituel des êtres. Peut-être. Les particules élémentaires ont été découvertes, localisées dans le flou quantique – ou l'écume où il n'y a plus rien à part des radiations et des ondes mais point d'éléments quelconques de matière – cela doit être semblable dans l'infiniment grand à l'échelle cosmique…

Un peu d'astronomie

Cassini, dans le programme Cassini-Huygens

Le programme a effectué une mission riche à tous les points de vue. Le mieux est bien entendu de se reporter aux informations de la NASA et l'ESA. En regardant les chiffres défiler juste à deux heures avant l'impact inévitable sur la planète Saturne essentiellement composée d'hydrogène liquide et de gaz, on ressent de la peine, de voir une telle richesse d'ingéniosité humaine s'anéantir, mais Cassini a beaucoup œuvré pour la science et la recherche spatiale. On ne peut s'empêcher de réfléchir sur les données à chaque dixième, centième de seconde affichées par l'ordinateur du programme mis à disposition du monde entier et s'apercevoir que la sonde était tout à l'heure au tiers d'une distance Terre-Lune à environ 120,000km du lieu de son impact qui surviendra dans une heure et cinquante minute. Sur le compteur de la NASA figurent deux données concernant la vitesse de déplacement de la sonde. L'une par rapport à Saturne et l'autre par rapport à notre Terre et cela pour que les choses soient plus claires dans notre esprit. « Velocity » la vitesse s'accélère continuellement, elle augmente et devient de plus en plus élevée - alors on pourrait aussi se poser la question, puisque les conditions sont complètement différentes d'une planète à l'autre, rien que dans notre système solaire, ces mêmes données sont encore plus flagrantes d'un système stellaire à l'autre - dans notre galaxie de la Voie lactée et d'autant plus différentes d'une galaxie à l'autre. Dans la théorie des Cordes, c'est une évidence comme aussi dans la théorie MOND de Mordehai Milgrom. Si de telles disparités sont flagrantes d'une planète à l'autre et encore plus d'un système stellaire à l'autre, d'une galaxie à l'autre, d'un superamas galactique à l'autre et pourquoi pas d'un univers à l'autre. Dans tous les univers dotés du plus grand trou noir, ces univers se créent à partir d'un moins que rien et s'anéantissent dans des dimensions exorbitantes. Les rayonnements et les ondes quant à elles subsistent dans des espaces inter-univers. N'étant pas astrophysicien, seulement passionné, je dis peut-être.

«Tiangong-1 » la station spatiale chinoise

« Tiangong-1 » station spatiale chinoise de 8,5 tonnes hors service fonce dans le Pacifique sud vers 1.00GMT le 2 avril 2018. C'était à 3 heures du matin, heure de Paris la nuit.

La station chinoise « Tiangong-1 » met en danger une partie de la planète, mais plus précisément une bande qu'elle survole de plus en plus vite et progressivement à plus de 26.000 km/heure, en se rapprochant chaque minute de son point de chute encore indéterminé. Cet état de chose ne doit pas être accepté par la communauté internationale, la Chine doit être interpellée fermement par les Nations Unies qui doivent appliquer une discipline mise en place par les instances spécialisées en matière de maîtrise des modes de lancement de fusées et de satellites dans l'espace. Ce n'est que par la coopération internationale de tous les spécialistes concernés, que la conquête de l'espace doit se réaliser. Tous les pays développés en matière de lancement de fusées, mise en orbite de satellites et vaisseaux spatiaux ainsi que la maîtrise conséquente d'une installation sur une planète de modules d'habitation et de développement scientifique doivent se concerter. Il s'agit de faire avancer l'humanité toute entière dans les futures conquêtes spatiales et non d'une course d'un pays par rapport à un autre sous forme de concurrence – un tel état d'esprit est dépassé et enfantin. La Chine est une énorme puissance avec un potentiel aussi puissant que les autres pays concernés, elle doit s'aligner et on doit l'accepter également sans préjuger. La bande parcourue par la station « Tiangong-1 » met en danger une région passant par le Roussillon, Perpignan, ses environs et la Corse et d'autres endroits du monde sud américains. Il faut impérativement se tenir informé à chaque heure de la journée en écoutant radio, journaux télévisés et aller sur les sites de l'ESA et autres afin de trouver une solution de dernière minute pour le cas échéant trouver des zones hors risque. Il s'agit d'éviter plutôt que de se protéger, car n'importe quel morceau non consumé dans les basses couches atmosphériques peut traverser les toits des maisons ou plusieurs étages d'un immeuble comme une aiguille dans du beurre, mais en principe rien à craindre, « Tiangong-1 » s'écrasera certainement en de nombreux débris dans l'océan. D'après les Chinois il se peut que la station spatiale chinoise soit un véritable feu d'artifice, comme une pluie d'astéroïdes.

C'était à 3 heures du matin la nuit. « Tiangong-1 » décrit quelques ellipses autour de la Terre et c'est l'une d'elles qui est passée au-dessus de la Corse et des Pyrénées orientales. « Tiangong1 » se trouve au-dessus de l'océan Atlantique et se dirige vers les USA, mais son orbite suivante sera encore plus basse en latitude, « Tiangong-1 » sera éclatée comme un feu d'artifice. Voir « Heavens above », c'est flagrant : Rien à craindre et écoutons tranquillement les nouvelles de la chute dans l'Océan Pacifique. En fait la station est tombée cette nuit entre le 1er et le 2 avril vers 3 heures du matin heure de Paris, dans le Pacifique sud – une zone pas assez éloignée des côtes.

Avancées technico spatiales et exoplanètes

Aucune technique existante ne peut prétendre pouvoir conquérir une exoplanète, avant longtemps, même si la planète est surpeuplée, plus de 7,5 milliards d'habitants, vieux, jeunes, et enfants. 250,000 morts et 300,000 naissances chaque jour. Prolifération de petits humains dans l'insouciance et l'inconscience des souffrances qu'ils auront à affronter, sauf pourrait-on penser les très riches, les familles royales… mais non eux aussi pourront avoir de sacrées surprises.

On se concentre sur une exoplanète étudiée dans tous les détails, le potentiel d'y vivre comme sur terre et distance adéquate la séparant de la Terre. Une technique innovante sera de préparer le vaisseau spatial arrimé à certainement plusieurs modules de propulsion qu'on aura rajoutés en orbite terrestre, puis propulsé vers sa destination exoplanétaire. Une toute nouvelle méthode devra obligatoirement être appliquée, car de toutes les techniques connues jusqu'à présent, aucune ne peut satisfaire à lancer des être humains à la conquête d'une exoplanète dans un vaisseau dont la vitesse maximale sera de 21000 fois inférieure à celle de la vitesse de la lumière, sachant qu'il faut quatre années et demi pour atteindre le système Centaurii à un rayon de lumière, Proxima Centurii notre plus proche étoile et son système planétaire. De nouvelles technologies devront prouver leur efficacité. L'une de ces nouvelles technologies est proposée selon la description suivante, il ne s'agit pour l'instant que d'une idée et aux spécialistes de la mettre en application de la manière la plus fiable et efficace : « L'attractivité d'un vaisseau par un nœud gravifique prédéterminé ». Ainsi le vaisseau pourra être attiré comme un aimant par sa destination, sans jamais subir de déviation à une vitesse très supérieure à celle de la lumière. Le vaisseau sera doté d'un système d'éviction des astéroïdes, comètes et autres objets divaguant, faisant fi des attractions subsidiaires parasites sur le tracé de sa ligne. Il faudra rajouter des idées toujours nouvelles et dépasser le cap de la vitesse-lumière ce qui est impossible dans l'état actuel de faisabilité du génie humain. Il n'y a pas de plan « B » pour aller vivre ailleurs dans un autre système stellaire sur une exoplanète, mais l'homme est tout de même prêt à conquérir Mars ou les lunes de Jupiter et Saturne. Il faudra terraformer, adapter l'environnement ou organiser une vie en vase clos dans des modules préfabriqués sur Terre tout en exploitant le potentiel environnemental, gaz divers et géologie locale mais surtout une glace transformable en eau liquide et propre. Uniquement dans notre système stellaire qui est déjà extrêmement vaste, on peut aussi rêver à notre galaxie aux deux cents milliards d'étoiles et aux nombreuses exoplanètes tout à fait « habitables » parmi les non-habitables, simplement rêver pour l'instant.

Les relations étonnantes entre les planètes du système solaire

Cela peut paraître aberrant, voire osé que d'affirmer qu'il existe une relation déterminée, comme réglée au plus juste entre toutes les planètes du système solaire (*et tous les autres systèmes de l'univers*) et pourtant déjà bien longtemps dans le passé des astronomes ont découvert cet équilibre mathématique de toutes les forces gravitationnelles. Ces forces s'équilibrent entre attraction, répulsion et gravité. Après le big Bang, l'inflation et le refroidissement de ce qu'était le début de l'univers, dès le premier milliard d'années des nuages d'atomes déjà réalisés se complexifiant en molécules de plus en plus riches circulaient dans le cosmos encore très chaud. Ces nuages mélangés aux gaz subsistent encore disparates, vagabondant sans arriver à s'agglomérer à des objets sur leur passage, mais d'autres infiniment plus nombreux et denses ont créé les étoiles utilisant hydrogène et hélium et s'étaient constitués en géantes bleues, d'autres infiniment plus petites ont fini par refroidir encore pour se transformer en naines rouges, d'autres éclatant en supernovae - le tout s'agglomérant dans des systèmes stellaires et dans des amas galactiques jusqu'aux superamas galactiques dont nombreux parmi eux finissant en leur centre, dans les trous noirs qui les attendent depuis des milliards d'années. Toutes ces interactions ont aussi une incidence directe sur chacune des planètes du système solaire, peut-être même les objets éloignés en dehors de notre galaxie - une incidence mais infime, mais tout de même incidence, comme les poussières de la Ceinture d'astéroïdes entre Mars et Jupiter. Les satellites joviens comme les satellites martiens ont une influence sur la planète dont ils dépendent comme la Lune par rapport à la Terre, mais ces influences sont locales, inhérentes à la planète, ils sont en équilibre (*bien que la Lune s'éloigne de la Terre de trois centimètres par an*). Entre Mars et Jupiter les astronomes pensaient à une planète mystérieuse manquante au dix neuvième siècle, en fait il s'agissait de petites influences de Cérès, tout petite planète de 1000 km de diamètre découverte par le Hongrois Von Sach sur base des calculs de l'Allemand Karl Gauss et de l'influence d'autres petits planétésimaux de la Ceinture d'astéroïdes ainsi que de celle d'Uranus plus éloignée - des astéroïdes circulent aussi dans ces parages. En fait selon l'échelle de la loi de Titius-Bode, Cérès se trouve à une valeur de 27,7.

Le mathématicien allemand Johann Titius connaissait la série 0,3,6,12,24,48 et 96 qui sépare réciproquement les six planètes, mais cette série ne le satisfaisait pas, quelque chose manquait dans cette logique - il était certain qu'entre le Soleil et Mercure l'on pouvait glisser un « 3 » comme valeur, puis doubler cette valeur à « 6 » jusqu'à Vénus, puis doubler cette dernière à « 12 » pour valeur de la Terre, puis doubler la « 12 » à « 24 » pour obtenir celle de Mars, puis doubler celle de Mars à « 48 » pour celle de Jupiter et « 96 » pour celle d'Uranus, Neptune n'était pas encore découverte

par le Verrier. Titius ajoute un « quatre » à chaque élément :
le « 3 » devient « 7 » et la suite s'écrit: 4,7,10,16,28,52, et
100. Chaque valeur correspond à une planète sauf celle du
« 28 », donc logiquement il s'agit d'une force, d'une planète
manquante. La planète manquante n'est autre que celle
décrite ci-dessus, Cérès avec d'autres planétésimaux se
trouvant bien entre Mars et Jupiter, dans la Ceinture
d'astéroïdes. Cérès mais pas toute seule, car sa force
gravitationnelle serait de loin insuffisante, il fallait aussi
l'addition des planétésimaux de la Ceinture.

Un équilibre dans le vide du cosmos infini, un équilibre
parfait sorti du chaos dense et incandescent - un équilibre
dans le froid intense de ses -273°C/K - un équilibre dont des
galaxies volent plus vite que la vitesse de la lumière.

**La grosse planète qui perturbe Pluton et Neptune dans
le Nuage d'Oort**

Une planète à laquelle on ne donne pas encore de nom, une
planète très éloignée qui perturbe Pluton et aussi Neptune
ainsi que les planétésimaux de la ceinture de Kuiper, Pluton
rétrogradée en planète naine et presque hors du système
solaire, les astronomes n'ont pas encore trouvé
concrètement la planète inconnue, autrement dit
visuellement par télescopes interposés, sauf que par leurs
calculs très complexes. Bien entendu ils y arriveront, ce sont
des as en la matière et déjà par leurs calculs ils semblent dire
qu'il s'agit d'un très gros objet, les magazines spécialisés
précisent qu'elle serait bien plus grosse que notre Terre
(entre cinq et vingt fois), mais là où les choses se

compliquent, c'est qu'elle se trouve au-delà de la ceinture de Kuiper dans le mystérieux Nuage d'Oort aux confins de notre système solaire qu'il englobe tout entier. Il est énorme mais demeure une petite portion de notre Galaxie - et les choses se compliquent davantage car les espaces interstellaires sont caractérisés par des pans de vide dépourvus même de poussière sur des distances de milliers d'années-lumière. Ce qui est étrange c'est qu'on peut « voir » à travers, serait-ce déjà la matière sombre et la grosse planète ne serait-elle pas elle même constituée de matière sombre. Mystère pour l'instant mais pas pour longtemps car les astronomes la découvrirons bientôt dans ce Nuage d'Oort, en orbite d'une étoile proche du Soleil ? Non, mais plutôt faisant partie de notre système solaire sur une orbite très elliptique en excroissance de 80% et qu'elle mettrait 20,000 ans à parcourir autour de notre étoile le Soleil. Cette grosse planète se trouverait à notre époque du vingt et unième siècle de l'autre côté du Soleil peut-être en conjonction. Cette planète perturbe Pluton et Neptune et les planétisimaux glacés de la Ceinture de Kuiper en les faisant graviter à presque 90° par rapport au plan du système solaire. On pensait avant qu'elle ne faisait pas partie de notre système, mais de celui d'une étoile voisine, alors que Pluton, bien qu'il soit impossible de la voir, reste chez nous avec en plus la « grande mystérieuse » et bien d'autres encore comme tout ce qu'ils ont découvert il n'y a pas si longtemps que cela : Charon satellite de Pluton, Eris satellite de Neptune, Sedna au-delà de Pluton, Makémaké et des centaines d'autres objets célestes de la taille de Cérès de la Ceinture d'astéroïdes.

Les limites du système solaire

A 30,000ua le Soleil n'a plus aucune influence. Dans le nuage d'Oort les autres corps célestes comme les planètes vagabondes grosses, moyennes et petites doivent « ressentir » des attirances ou des répulsions et aussi l'attraction de la matière sombre qui y joue son rôle le plus important - l'énergie sombre-noire agit certainement mais par saccades au gré des ondes gravitationnelles, les marées à la surface des astres. Plus loin encore ce sont les étoiles les plus proches de notre système galactique comme Proxima Centurii, Gliese et les milliards d'autres qui influent sur tout ce qu'elles approchent. Gravitation universelle, ondes gravifiques, mouvements très équilibrés des astres, l'univers tout entier est en constant mouvement – parfois lent et à d'autres endroits beaucoup plus rapide que la vitesse de la lumière. Les entonnoirs des trous noirs.

L'extra-terrestrialité face à la surpopulation.

Il faudrait qu'ils arrêtent avec leurs histoires de bébés - des bébés, il ne faut plus qu'ils en fassent, y en a de trop. A chaque naissance, ils s'extasient, mais le monde n'en veut plus, y en a de trop, ils ne comprennent pas, ils continuent à en faire encore et encore malgré qu'ils n'ont aucune possibilité de les nourrir- ils ne mangent plus eux-mêmes et ils continuent à en faire, nom de diou de nom de diou ! Le pire c'est que les gouvernements font croire que le rythme des naissances diminue et qu'il n'y aura plus personne pour subvenir aux retraites, c'est bizarre tout ça, alors que la population de chaque pays européen, et les États-Unis compris ont des populations qui augmentent constamment. En Afrique, cinq milliards d'hommes, de femmes, d'enfants, de vieillards, et surtout de bébés, dans trois ou quatre décennies, mais où va-t-on à ce rythme. Les européens n'ont rien à dire sinon ils sont traités de tous les noms alors qu'ils ne vont bientôt plus exister. La Chine a su rentrer dans la norme, mais l'Inde avec le Pakistan avec leurs un milliard et trois cent cinquante millions actuellement, atteindra-t-elle les six ou sept milliards d'êtres pour la plupart affamés? Vaut mieux ne pas compter le nombre total d'habitants sur notre planète en l'an 2100, on n'en croira jamais les chiffres.

La seule solution deviendra l'extra-terrestrialité, mais chaque vaisseau ne prendra en charge que des petits groupes de quelques personnes seulement, une ou deux dizaines à peine.

Les penseurs de l'antiquité sont revenus.

Aux siècles précédents, les facultés et l'intelligentsia faisaient référence aux penseurs, aux philosophes aux narrateurs comme Cicéron à tous ceux qui ont laissé leur nom dans l'histoire de l'humanité, c'est indéniable. Mais le rebondissement récurrent de leur notoriété au vingt et unième siècle est un retour aux sources qui prouve bien que l'étude de l'antiquité est indissociable dans l'apprentissage et la compréhension du cheminement de l'être humain au cours de sa vie. Le grand Socrate (470-399), son disciple Platon, puis Aristote (384-322), Sénèque, Épictète dans le siècle av J.C. et aussi Cicéron (106-43) et les astronomes comme Aristarque de Samos (310-230), Ptolémée (170-

100), etc. les puristes retiendront ce qu'ils voudront, mais Aristote restera pour toujours dans l'histoire de l'antiquité bien qu'il eût émis des idées complètement à l'opposé de la réalité, comme celle de l'univers immuable – on lui doit déjà et tout de même qu'il eût compris qu'il existât un univers. « Immuable » avait été sa très grosse erreur. Pour Ptolémée deux cents ans plus tard, la Terre était fixe et était aussi le centre du monde, encore un autre qui disait des conneries et sa notoriété demeure ; parmi eux Aristarque de Samos vivant entre les deux compères pensait que la Terre tourne sur elle-même et aussi autour du Soleil et paf... De tous, Aristaque de Samos avait été le plus sensé bien que les disciples des penseurs les plus prestigieux restassent béats d'admiration devant leur maître. Qui parle le plus des penseurs de l'antiquité, et bien sans aucun doute ce sont les philosophes mais aussi les astrophysiciens. Je n'ai pas besoin d'aller lire et fouiller dans les livres des Stoïciens dans la Bibliothèque de La Pléiade, j'ai mémorisé tout cela chez mes astrophysiciens écrivains préférés. Aristarque de Samos m'apparaît comme le plus grand astronome découvreur de l'antiquité. Dans des proportions des milliers de fois plus sophistiquées les astrophysiciens contemporains sont d'une éloquence incomparable.

Déchets spatiaux

Christophe Bonnal est un spécialiste passionnant. Il connait tellement son sujet qu'on dirait qu'il le récite par cœur, mais par cœur dans des détails déroutants avec formules mathématiques liant les lois gravitationnelles aux masses distance de la Terre à plus de 36,000km pour ceux qui se trouvent en géostationnaire - quand il utilise les formules il ajoute « pour les puristes » - tu parles, on cligne des yeux, parce que les formules même si on les comprend, moi ça me prendrait une heure pour la décortiquer, parce que dans l'espace l'attraction terrestre et l'inertie font faire des sortes de 8 en plus, en tournant sur eux-mêmes, mais peu à peu en se rapprochant de la surface terrestre pour venir un jour s'écraser, pour ce qui restera de plus lourd de l'objet et ce, si cet objet se trouvait vers 1,000km de la Terre, deux cents ans auparavant. Tout ce qui est plus près descend bien plus vite, notamment « la chaudronnerie » des lanceurs qui ne dépassent pas la limite de Karman, c'est à dire bien moins de 100km de distance de la surface terrestre. Et puis ça coûte cher tout ça - le danger, une chance sur 2,000,000 que ça tombe sur Paris, puisqu'ils avaient bien trouvé un morceau d'une fusée « Soyuz » près de Lille. Voir son livre

Chaudronnerie et Soudure, des métiers d'avenir

Des métiers d'avenir pour les dizaines de décennies à venir, car l'espace sera l'activité principale. La « chaudronnerie » c'est l'avenir du troisième millénaire. En 2018 on construit des engins incroyables. On a commencé dès le début du vingtième siècle à s'intéresser aux tuyaux, bien soudés, étanches, d'une certaine épaisseur, on en faisait des casseroles, des poêles et on les a perfectionnés jusqu'aux revêtements spéciaux depuis qu'on envoie des fusées dans l'espace, surtout pour le retour des modules habités. On les a perfectionnés parce qu'il y avait des spationautes à l'intérieur, il fallait donc tout faire pour leur sécurité lors du retour vers la terre, leur lieu de résidence principale. Tout envisager pour leur survie, car ils sont d'un courage extrême et à chaque fois qu'ils s'envolent à bord d'engins hyper sophistiqués, ces engins sont aussi hyper dangereux. Oui tout est calculé, évalué avec indices de réussite et indices d'échec – ça fait peur, ils surmontent cette peur, le risque de perdre la vie. La part des concepteurs dans les calculs des trajectoires est certainement la plus délicate – eux aussi ne veulent en aucun cas se tromper. Ils pensent à la réussite du projet mais avant tout à la sécurité des passagers qu'ils ont la responsabilité morale, personnelle de faire réussir un exploit comprenant le retour « à la maison ». La chaudronnerie spatiale est plus complexe que le déca-bossage des voitures, plus complexe que la construction de citernes de bacs de silos et de tunnels - encore que les tunnels soient une réelle référence pour les fusées et leurs boosters, du simple fait que les tunnels, comme ceux des métros, des routes et autoroutes subissent des pressions énormes. Ces pressions sont comparables à celles que subissent les corps des fusées et des boosters – non seulement sur l'enveloppe de leur structure en métaux composites dans l'espace où les forces ont tendance à écarter tout corps qui possède du gaz ou de la matière liquide jusqu'à dislocation, mais aussi celles intérieures des tubes, fusées et boosters soumis à des pressions telles que les structures doivent supporter des tensions et des températures extrêmes des ergols compressés pour que l'hydrogène atteigne -250° Celsius et l'oxygène-180° Celsius. Les concepteurs ingénieurs conçoivent et réalisent ces prouesses avec la contribution indispensable des techniciens spécialistes dans le domaine de la chaudronnerie et de la soudure. Resistance des métaux, connaissances des très nombreux métaux naturels et alliages : métaux alcalins, métaux alcalino-sulfureux, métaux de transition, métalloïdes, soudures. Le futur ouvre une voie incontestable à la chaudronnerie et à la soudure pour les années à venir.

Les explosions des étoiles dans la nucléosynthèse

Lors d'une conférence à la Société Astronomique de Montgeron le 7 avril 2018, Nicolas Prantzos, astrophysicien, Directeur de recherche au CNRS. Il est en place à l'Institut d'astrophysique de Paris, il travaille sur l'origine des éléments chimiques, l'évolution des nuages gazeux ayant contribué à la formation des galaxies, la nucléosynthèse depuis le Big bang et la grande inflation. Nicolas Prantzos a détaillé le processus qu'a suivi l'évolution de l'univers jusqu'à la formation des étoiles et des planètes. La vie des étoiles et les catégories d'étoiles jusqu'à leur mort: l'évolution à partir de l'hydrogène élément le plus léger dont le surnombre a favorisé la réalisation des neutrons à partir de protons pairs d'abord et l'évolution vers l'hélium, H-2 – Beryllium-4, Carbone-6, Oxygène-8 suivis par L-3, Bore-5, Azote N-7, jusqu'au fer créant le cœur des étoiles qui deviennent « naines blanches » « étoiles à neutrons » supermassives jusqu'aux géantes rouges ayant vieilli après des milliards d'années – la dégénérescence faisant qu'une géante rouge, si elle se trouvait au centre de notre Soleil sa circonférence atteindrait et engloutirait tout notre espace stellaire jusqu'à l'orbite de notre Terre. Pire encore certaines « géantes rouges » peuvent atteindre, si l'une d'elles se trouvait à partir du centre du Soleil, jusqu'à l'orbite de Jupiter en l'engloutissant en même temps. Du noyau de la vieille étoile à sa périphérie solide, toute l'enveloppe de la géante rouge n'est que du gaz incandescent chauffé à 3,000°C – un engin pourrait traverser cet espace s'il pouvait résister à de telles températures, ce qui est inimaginable.

Certaines étoiles éclatent en supernovae, comme celle que les Chinois avaient observée en 1054 dans la constellation du « Crabe » (cette observation a été certainement visible en France et partout ailleurs dans le monde, mais non répertoriée) ou plus récemment en 1987 l'étoile SN1987A surnommée « Sunpeak » dans la galaxie, proche du « Grand Nuage de Magellan » en février 1987. Certaines supernovae explosent dans notre galaxie mais on ne peut pas les voir, d'abord le phénomène est rare et aussi parce qu'elles explosent au bout des spirales de l'autre côté de la Voie lactée donc invisibles pour nous. Ces étoiles ont un cœur super massif, principalement du fer, à part l'or, le nickel – mais un fer tellement condensé que les atomes sont tellement serrés que les électrons n'ont plus de place pour évoluer autour, ce qui fait l'extrême masse de l'étoile – qui éclate en supernova annihilant tout autour, mais dont tous les éléments synthétisés servent à l'évolution de l'univers. La chose la plus extraordinaire est que le noyau de fer est poussé, scindé en morceaux par la puissance des « neutrinos » qui ont cette seule occasion à être retardés par un obstacle, sinon comme tout le monde sait les neutrinos traversent absolument tout, toute matière sans entrave.

Nicolas Prantzos nous avait exposé tous les détails des réactions chimiques de la nucléosynthèse depuis le Big bang à travers les nébuleuses, les galaxies, les étoiles, les planètes jusqu'à la matière palpable, en passant par tous les stades du processus évolutif des étoiles jusqu'à leur mort et l'enfouissement dans de nombreux cas dans les trous noirs.

Eté, le 27 juillet 2018 - Opposition « favorable » de la planète Mars

Les orbites planétaires dans notre système solaire ont été méticuleusement répertoriées par Keppler en 16.. Dont les lois qui s'y réfèrent portent son nom. Les orbites ne sont pas du tout des cercles parfaits, elles sont elliptiques et chacune est différente des autres, tout en sachant qu'elles sont toutes interdépendantes les unes des autres. Dans le « système solaire » comme dans tous les autres systèmes stellaires « tout se tient » par l'équilibre des forces attractives et répulsives. Cet équilibre date depuis la formation de l'univers bien après le big bang, en fait le système stellaire solaire s'est réalisé il y a environ 4,5 milliards d'années. Peu à peu, les divers objets cosmiques, gaz, poussières, blocs d'hydrogène solides combinés à l'hélium et autres composants de plus en plus complexes se sont rapprochés, se sont agglomérés et ont fusionné en planètes et ont gravité autour des étoiles qui elles-mêmes s'étaient départagées de leur éléments en éclatant parfois en supernovae. L'accrétion terminée les planètes gravitaient autour du Soleil et se sont stabilisées pour des milliards d'années. Mars se trouve sur une orbite plus éloignée que celle de la Terre.

Distance Terre Mars en « temps/lumière » : entre 3 minutes-27 secondes et 4 minutes-33 secondes, lorsque la planète rouge se trouve au plus près de la Terre en opposition par rapport au Soleil et notre planète Terre. La distance entre les deux planètes s'accroît proportionnellement jusqu'à 21 minutes de « temps/lumière » lorsque Mars se trouve à l'opposé du Soleil en « aphélie », dans son cycle orbital autour du Soleil de 22 mois et 27 jours (*ou 687 jours terrestres*) de temps *terrestre*, à une distance de 378,000,000 km qui la séparent de la Terre. Mais les oppositions entre Terre et Mars se font en moyenne tous les 780 jours (*terrestres*). La différence entre 780 et 687 est due au fait que les deux planètes se poursuivent l'une à rattraper l'autre et augmentent ainsi leur opposition de 93 jours, leur inclinaison sur l'écliptique accentue aussi ce laps de temps. L'opposition dite favorable se fait environ tous les quinze ans, lorsque Mars et Terre se retrouvent à la plus proche distance l'une de l'autre sur leur orbite et dans le prolongement d'une ligne qui va du Soleil à Mars en passant par la Terre. Mars est la planète qui ressemble le plus à la nôtre, il suffit de regarder les caractéristiques planétaires, c'est la raison pour laquelle on y a longtemps soupçonné la possibilité d'une forme de vie. Il faudrait consacrer au minimum plus de deux ans pour un voyage aller-retour avec les techniques disponibles des états capables d'envoyer des vaisseaux spatiaux dans ces conditions extrêmes. (*voir « NSEA Allers et retour spatiaux »*). Néanmoins Mars est une planète hostile pour les humains, mais moins que toutes les autres planètes du système solaire.

Atmosphère : 95% de gaz carbonique, très peu d'azote et d'oxygène.

Composition du sol et géologie : Silicates et dioxyde de carbone gelé. Les poussières rouges très collantes peuvent endommager moteurs, transmissions et canalisations diverses des équipements primordiaux nécessaires à la survie sur Mars. Des jets de vapeur sont projetés au printemps. Des tourbillons de 20km d'altitude se forment aussi créant des tempêtes. Des séismes gigantesques de 7 de magnitude provoquent des secousses (dangereuses pour les installations humaines). Un projet existe de fabriquer en grandes quantités des briques pour la construction, mais utilisation des cavernes existantes naturelles.

Le cœur, le centre de la planète a été souvent décrit comme stérile, épuisé après cinq milliards d'années d'existence, mais de nouvelles théories avancent la possibilité d'un cœur encore en fusion (pour ce qu'il en reste) ce qui ferait que Mars serait encore une planète vivante, bien que sa magnétosphère semble inexistante. L'eau se trouve en grandes quantités aux pôles formant une calotte, gelée mais qui fond partiellement en été. L'eau se trouve aussi en profondeur sous forme de permafrost.

Les astronomes et les astrophysiciens sont persuadés que Mars est parcourue par d'innombrables cavernes pouvant atteindre 50 km. Ces cavernes seraient des lieux idéaux pour organiser la construction de villes avec toutes les infrastructures nécessaires à la vie et le confort des aventuriers humains. On pourrait recréer une atmosphère et des températures adéquates. Les cavernes sont des endroits idéaux pour se protéger des rayons cosmiques gammas, ultraviolets et autres, ainsi que des violentes tempêtes.

Températures : -143°C minimales   35°C en surface en été
-63°C en moyenne

Diamètre de Mars : 6,787km, elle tourne sur elle-même en 24heure 37min

Mars a deux satellites petites lunes, qu'on considère plutôt comme des astéroïdes : Phobos et Deimos

Par rapport au Soleil :

Mars : apogée 358.000.000 km et périgée 228,000.000 km

Terre : apogée 151.000.000.km et périgée 148.000.000 km

Entre Terre et Mars

En conjonction aphélie maximale : 508.000.000 km

En opposition périhélie favorable, dûe à son orbite elliptique m/m 57.600.000 km

Périodes de révolution autour du Soleil 687 jours terriens

Opposition la plus favorable environ tous les 15 ans

La Terre rattrape Mars au plus près tous les 720 jours terriens.

Voyage de Terre à Mars : nécessitent plus de deux années. Sept mois aller et autant pour le retour à peu près – plus une année entière de séjour sur la planète rouge.

Géologie : permafrost – eau en profondeur et aux pôles.

« Pollution spatiale ». Rayons gamma mortels.

Atmosphère : co2, très peu d'azote et d'oxygène 4%

Modules d'habitation et cavernes pour servir d'abris.
. Température : -120° parfois les températures négatives
peuvent atteindre les -200° en hiver martien et jusqu'à 17°
l'été.

Un roman plein de détails dans « NSEA allers et retours
spatiaux » aux éditions « Lys éditions Amatteis »

Observation du ciel nocturne

Parmi les « trois belles de l'été » que tout le monde connait. Un mot sur « Altaïr » de la constellation de « l'Aigle » « Altaïr » est deux fois plus massive que le Soleil et elle tourne deux fois plus vite sur elle-même que celui-ci. « Altaïr » a une forme aplatie sous l'action de la force centrifuge. Ce qui entraîne que ses pôles sont plus proches du cœur de l'étoile – « Altaïr » est aplatie d'environ 25%. Les pôles « d'Altaïr » sont donc plus chauds qu'à l'équateur.

Un mot sur « Bételgeuse ». Etoile qui apparaît au petit matin en été vers quatre heures. « Bételgeuse est très belle en hiver jusqu'au printemps dans l'hémisphère sud. Son diamètre est 1000 fois plus grand que celui du Soleil. C'est une « géante rouge » qui doit exploser en supernovae dans quelques milliers d'années. Si le centre de l'étoile « Bételgeuse » occupait le centre de notre Soleil, « Bételgeuse » engloberait Mercure, Vénus, notre Terre, Mars et une partie de la « Ceinture d'astéroïde ».

Juste pour marquer l'effarante structure de l'univers.

Les « Perséides » 12/13/14 août, mais peuvent apparaître avant.

Anecdotes

Animaux « nuisibles »

Déclassement du corbeau freux, de la corneille noire, de l'Étourneau sansonnet, de la fouine, de la belette dans certains départements - déclassement si je comprends bien, on les laissera tranquilles - et bien tant mieux car tous ces animaux ont une intelligence remarquable, comment le saurai-je, simplement parce que j'entretiens des conversations avec mes amies corneilles et pies en face de chez nous. Je leur parle, elles répondent et parfois m'appellent - juste un petit bonjour en me survolant. Chacun peut remarquer qu'un code existe chez eux, chez les corneilles, corbeaux un croa: Salut. Puis s'adressant à ses congénères, deux croa: Je suis là ! Trois croa: Je suis là, vous pouvez venir ! Quatre croa, ah vous êtes arrivés ! Cinq croa… c'est bien, nous sommes tous ensemble...

Un peu d'histoire contemporaine à l'occasion du Salon du Livre de Paris mars 2018

Certainement une rancune tenace reste dans l'esprit de certains Français après des générations. Comment après cinq générations, la dernière a ancrée en elle, la méfiance envers les Russes? Me dit un monsieur au Salon du Livre. Certaines personnes n'aiment pas les Russes. Les Russes de maintenant, les Russes de la dernière guerre, les Russes rouges de la Révolution d'il y a tout juste un siècle et surtout les Russes de l'époque napoléonienne. Ceux de notre époque peuvent être affublés de toutes les critiques qui

peuvent passer par la tête de ceux qui observent ces
« nouveaux Russes ». Ces critiqueurs utilisent des
raisonnements modernes contemporains liés à de l'argent
accumulé très rapidement par certains après la
« Perestroïka » des années quatre-vingt-dix dans l'ancienne
URSS. Mais laissons cette catégorie opportuniste de côté et
essayons de voir ce qui avait pu se passer bien avant dans
les relations russes-françaises. Ces relations avaient pourtant
été chaleureuses à certaines époques, la France participaient
magnifiquement à l'architecture et à la culture russe pendant
la monarchie - des siècles de relations très positives. Ici le
propos ne concerne pas par exemple le Royaume Uni avec
lequel la Russie entretenait des relations privilégiées jusqu'à
ces derniers temps (mars 2018), ni l'empire germanique,
l'Allemagne qui avait toujours été géographiquement incluse
dans tous les désaccords entre la Russie et la France, et
encore moins la Pologne victime malgré elle, traversée à
chaque conflit - mais de quel conflit, s'agit-il. L'hégémonie
communiste soviétique avait interpellé l'opinion mondiale
mais certaines raisons remontent encore plus loin dans le
passé. Est-ce la faute aux Russes si Napoléon était venu
titiller la Russie sous Alexandre 1-er en 1812 ? Napoléon
par sa soif de conquête s'aventura jusqu'en Égypte d'où il
ramena l'obélisque de la place de la Concorde, les guerres
dans toute l'Europe. Les ravages de son expédition en
Russie provoquèrent des destructions inhumaines sur tout
son parcours européen et des milliers de morts russes - mais
c'était lui le responsable de ces guerres provoquées, c'était
lui le responsable de l'incendie de Moscou, c'était lui le
responsable des 450,000 morts dont la plupart des Français

jusque dans la « Retraite de Russie » et le retour pitoyable à Paris. Napoléon avait dû encaisser le revers de la médaille, les Russes d'Alexandre en France en 1814 sans commune mesure dans le degré des exactions napoléoniennes. « Les familles » des maréchaux d'Empire et des vaillants soldats français se remémorent jusqu'à maintenant la défaite lors de la Campagne de Russie. Après cinq générations les petits-enfants des petits-enfants des petits-enfants ont reçu un message à transmettre, mais complètement inadéquate face à la réalité de l'histoire. Les relations franco russes ont été fluctuantes mais bonnes aussi, la France est aimée et respectée en Russie. De grandes réalisations françaises depuis Pierre le Grand et Catherine-II sont la vitrine de la Russie et la culture française est en parfaite symbiose avec la culture russe, les deux civilisations sont sur la même latitude géographique. Les relations entre les deux pays, comme pour l'Allemagne et l'Italie aussi, sont devenues commerciales et surtout industrielles dans tous les domaines techniques, mais aussi culturels. Les politiques n'ont rien à voir avec la culture. Les Russes ne renieront jamais la richesse des auteurs français de tous les temps, Diderot avait ouvert toutes les portes de la culture française aux Russes sous Catherine-II et comment peut-on envisager que la France ne fera plus référence à Dostoïevski, Pouchkine, Tolstoï, Tourgueniev, Gogol et tant d'autres. Bouder l'exposition des livres russes au Salon du Livre a été maladroit et fait penser aux rancunes injustifiées des Français envers les Russes alors que c'est plutôt le contraire qui aurait été logique. Les présidents ont d'autres canaux traditionnels et efficaces à leur disposition que d'afficher du mépris. Cela n'a pas empêché pas que la Russie qui était prévue « à l'honneur » cette année 2018 au Salon du Livre ne fût pas boudée par le grand Public avec ses trente-huit écrivains remarquables, qui commentaient leurs œuvres aux personnes venues les écouter, grâce à des interprètes en simultané, talentueuses.

Livres traduits en français comme « Les diamants de la Mer Noire » d'Anna et Sergey Litvinov aux éditions « MACHA » parmi des milliers d'autres isbn: 978-2-37437-033-0.

Librairie du Globe - 67, bld Beaumarchais 75003 Paris. Site : www.librairieduglobe.com

Un ordre mondial nouveau révolutionnaire

Que ce soit le Big Bang ou autrement ? Il y a d'autres théories comme celle des cordes ou la succession de trous noirs qui s'autodétruisent, ou qui anéantissent d'autres trous noirs ou qu'il y ait un multivers infini. D'accord pourrait-on se dire, mais les trous noirs qui se détruisent ou les multivers ou un multivers, tout cela n'a pas été prouvé scientifiquement, il faut se replier sur ce qui a été observé, étudié et prouvé, car autrement ce n'est que supposition. Bien mais pour la conception de la vie de tous les jours comment aborder les problèmes essentiels. C'est bien le présent qui compte, à chaque fraction de seconde de vie, l'avenir immédiat et prochain. Selon la théorie des adeptes de l'existence d'une conspiration d'une très faible partie de la population mondiale, comme une caste, une révolution tout aussi mondiale mais massive se préparerait tout doucement. Celle-ci serait prête à éclater incessamment pour abolir les privilèges outranciers instaurés par cette caste d'hommes plus que de femmes qui régit le monde depuis des siècles. Ces adeptes d'une révolution de grande ampleur veulent instaurer un « Nouvel ordre mondial » mais qui y aura-t-il parmi eux - posons nous bien cette question. Encore des « Illuminati » ou de véritables révolutionnaires qui devront convaincre les gens rangés, habitués, lavés du cerveau, ou simplement embourgeoisés naïfs grâce à la caste qui n'en aura que faire le temps venu. Il est probable qu'une telle organisation existe depuis les Templiers contre laquelle œuvre le « nouvel ordre mondial » mais elle est surtout financière et celle du Démon selon eux, le Graal faisant feu de tout bois. Soit, ils s'entendent fort bien entre eux et comme il est souvent mentionné, ils ne font que dépasser les limites de la liberté du citoyen, celles où doivent s'arrêter les leurs ; cela leur importe peu, mais c'est justement là que leurs agissements sont outranciers et inacceptables pour ceux qui ont simplement compris leur attitude méprisante envers autrui. Alors ils ont construit leur cercle d'initiés et 666 veut dire quelque chose pour eux, ils s'y complaisent avec leurs innombrables symboles. Ce qui est sûr, c'est qu'ils ont créé un monde à part qui est le leur, sans se soucier du reste de la planète. Ils trouveront toujours des arguments pour se défendre et asseoir le bienfondé de tous leurs agissements, avec des avocats liés à leur cause, qui n'en font pas encore partie, ou n'ayant pas encore franchi le pas de l'adoubement par les instances autoritaires de leurs supérieurs. Tout y est organisé aux dépends de milliards d'êtres humains qui les servent sans s'en rendre véritablement compte. Ces milliards d'êtres humains sont tous très différents, chacun son caractère, sa cruauté ou sa bonté, bon ou mauvais car il existe bien des êtres bons, mais il existe aussi des êtres indifférents à tout qui se laissent faire, se laissent aller qui ne réfléchissent qu'au strict minimum nécessaire, ou aussi ceux qui n'ont qu'une idée constante en tête avec leur conjoint, celle de s'enrichir le plus possible et certains autres encore aimant bizarrement le mal, donc mauvais. Bien entendu il existe aussi les malades mentaux, mais eux ne sont pas responsables, surtout lorsqu'ils vouent un certain respect envers ceux qui leur font le mal. Tout existe sur notre bonne vieille Terre. Lorsque les adeptes de la théorie de la conspiration de l'élite envers la grande majorité de la population mondiale auront réussi leur révolution, ils s'apercevront certainement que cela n'en valait pas la peine car ceux qui les auront suivis se complaisaient en fait dans l'état d'assouvissement dans lequel ils se trouvaient et de toute façon une telle action d'envergure mondiale ne se fera pas sans la provocation de guerres locales d'abord, mais qui s'envenimeront tout de suite une fois enclenchées, vers des guerres de plus en plus importantes déliant les peuples les uns des autres et favorisant des coalitions qui ne pourraient en toute logique, qu'aboutir à une véritable guerre mondiale. Là où ils se trompent peut-être, c'est que justement la fameuse élite détient les décisions de provoquer une telle guerre qui pourrait anéantir la planète entière, or quel serait l'idiot qui enclencherait une situation qui ferait appuyer un dirigeant d'une grande puissance sur le bouton rouge ? Certainement aucun car ils ont justement organisé l'équilibre mondial de telle sorte qu'une semblable situation ne puisse se présenter. Si par malheur une telle situation survenait, toutes les mesures quasi automatiques puisque numérisées arrêteraient n'importe quelle procédure suicidaire de celui-là même qui tenterait de la déclencher. On devrait donc peser le pour et le contre dans des projets d'ordres mondiaux nouveaux, car des projets d'ordres mondiaux ont déjà existés. Certaines personnes pensent s'y préparer, mais rien y fera, ce sera encore un échec. Un échec sur la simple base de ce que la civilisation a déjà vécu au cours des siècles et même des millénaires passés. Oui c'est bien le présent immédiat de la fraction de seconde de la vie présente qui compte et aussi le futur immédiat et lointain de l'avenir auquel il faut songer, pas seulement pour soi-même bien évidemment. Les scientifiques s'interdisaient il y a quelques décennies de s'aventurer au-delà du Big Bang en remontant le temps, de l'instant primordial que déjà ils ont un grand mal à identifier (un quark…) up ou down ? Et puis on parle du monde quantique dans lequel il y aurait encore très probablement d'autres particules élémentaires en dehors des vingt-cinq identifiées – car au-delà dans ce monde quantique, c'est « l'écume » tellement tout devient flou et improbable. On se contentait si bien du microscope pour voir les très petites choses, jusqu'à des microbes, puis de la molécule, puis de l'atome avec le microscope électronique. Le boson de Higgs qui favorise la désintégration des quarks pour les recoller après, pour leurs conférer leur masse… une intention, une pensée avant l'écume, une particule spirituelle – tous les scientifiques butent à cet endroit, c'est sans issue, rien à faire sauf de spéculer, inventer, penser, réfléchir. Il faut simplement admettre cet état de chose sans creuser davantage. Einstein à bien des moments de sa vie en était là, rappelons-nous de la non expansion de l'univers, la constatation de l'expansion était arrivée plus tard avec Edwin Hubble dès 1925 et d'autres, mais il ne savait pas encore que la voie était sans issue dans le sens inverse, celle du monde quantique, qu'aurait-il dit à notre époque. Et si tout cela n'est qu'illusion comme disent non seulement des philosophes mais aussi des scientifiques comme je l'ai vu récemment dans ma revue astronomique préférée. Le sujet est extrêmement vaste et les détails innombrables d'une étonnante lucidité et ce qui est sûr, c'est qu'il faut mobiliser toutes les bonnes consciences pour que le monde soit en équilibre dans l'équité et la sagesse, choisir le bon face au mauvais, le temps de notre vie. Avant que chacun connaisse la grande culbute.

Divagation

de l'esprit, parhélies dans le ciel, apparitions, perception de choses bizarres comme chez les dingos.

Certainement tout le monde ressent parfois des manifestations bizarres comme, paranormales. J'en ai quelques-unes mais que je garde, que je ne veux pas partager, sauf qu'avec ma famille. Mais je citerai celle d'aujourd'hui. Alors que je balaie le trottoir de la rue devant la grande porte du jardin, je jette un coup d'œil sur le côté, une voiture passe à deux mètres de moi. Une petite voiture avec seulement le conducteur ; la voiture fait une petite boucle dûe à un petit coup de volant inopiné et le conducteur regarde vers moi – je reconnais tout de suite mon ami qui arbore un petit sourire que je lui connais, c'est bien lui, je ne l'ai pas vu depuis quelques semaines, une quinzaine en fait… Il y a quelque chose de changé en lui, il a comme acquis une certaine assurance car il conduit sa voiture alors qu'avant il ne conduisait pas et n'a jamais voulu en entendre parler, de se lancer dans des cours d'auto-école. Je crois qu'il n'éprouvait aucune utilité à conduire et puis ça coûte chère une voiture, à l'entretien, l'essence et surtout à l'achat – il n'a jamais aimé dépenser, ce n'était pas du tout son truc et il était maladroit avec les mécaniques bien qu'il savait résoudre des équations ardues les concernant. Musicien virtuose de surcroît. Je le reconduisais toujours quand il venait chez nous. C'est drôle on dirait qu'il a un peu plus de cheveux qu'avant, il a toujours son pull sur sa chemise marron quadrillée – il m'a jeté un coup d'œil tout en conduisant très doucement, comme pour dire « c'est moi » ! je l'ai reconnu avec sa lèvre inférieure qui pendait légèrement… Mais non ! Ce n'est pas lui, il est mort il y a douze jours et ses obsèques n'ont pas encore eu lieu. L'image de lui et la sensation que j'éprouvais, de sa chaleureuse amitié depuis soixante-cinq années, mon état somnolent tout en étant actif à balayer physiquement, tout cela a brouillé mon entendement et ma vision physique du réel, je l'admets bien volontiers car il faut être pragmatique, mais la réalité de ce que j'ai vu et ressenti a bien été réelle, c'était son esprit. (25 octobre 2017).

Étrange, la poésie

J'en ai connu des gens inspirés, regardant l'air flou devant eux. Au début c'est vous qu'ils regardent et cela vous interpelle, soudain vous vous apercevez qu'il ou elle regarde à travers vous comme si vous n'étiez qu'une vitre transparente, vos yeux ayant servi de support à l'envolée lyrique de votre poète du moment, qui en fin de compte s'est servi de vous pour embrayer son processus. Il ne vous voit plus, son regard voit quelque chose que nous ne voyons pas, que nous ne comprenons pas, son air tranquille est rassurant comme pour nous dire : « attends, tu vas tout comprendre, écoute, tu vas tout ressentir et tu verras – ce n'est plus moi qui parle c'est le génie de l'inspiration » ! Une sorte de dieu qui s'est épris de son corps, qui s'est glissé dedans et qui manipule l'esprit physique – les neurones de son cerveau, ses gestes, ses déplacements et ses cordes vocales, la voix tremblotante ou douce, tantôt montée dans les aigus, tantôt descendue dans des notes graves. La fureur se lit sur le visage, la tristesse, l'abattement, la désolation et le désespoir – la tête penchée, les mains jointes implorant comme une prière dans le vide pour un vœu, objet de son œuvre. Un vœu primordial pour le poète, mais insignifiant sans la moindre importance, la moindre attention et la moindre compassion de ceux qu'il oblige à l'écouter. Plus tard il dira : « ce n'est pas moi qui parle, c'est mon cœur, mon esprit, lorsque j'écris il me semble que Dieu mène ma main, j'écris sans comprendre, je vois les mots défiler sur le papier et je n'en ressens même pas le sens, ni la profondeur de leur signification sentimentale et c'est seulement à la relecture de ce que ma main a produit que j'éprouve une profonde angoisse et une énorme tristesse » ! « Allez, allez vous faire voir avec vos sornettes, vous ne voyez donc pas que vous nous ennuyez, ne voyez-vous pas l'air minable que vous venez de montrer de vous-même, vous devriez avoir la pudeur d'aller vous planquer et de ne pas insister à faire de la prolongation – vous autres poètes, vous êtes des lavettes avec vos lamentations, impudiques que vous êtes ! » - les femmes sont encore plus lamentables, mais à elles au moins on peut pardonner, elles sont plus faibles et plus sentimentales que les hommes qui bien souvent tout en étant poètes sont aussi des brutes costaudes ou efféminés. Alors à notre époque pour masquer le plus difficile, c'est-à-dire l'interprétation, la solution est dans la chansonnette sous toutes ses formes. Pourquoi pas après tout, l'humanité évolue selon les inspirations du moment et aussi l'acceptation après tri d'un jury, comme celui du public. J'ai souvent été sceptique à l'encontre de la poésie, devant l'ennui qu'elle peut produire sur ceux qui écoutent ou ceux qui lisent, surtout la contemporaine la plus éclectique, saccadée et trop dispersée dans laquelle aucun lien ne paraît possible entre les mots, aberrante. La lassitude peut vite prendre le dessus et ne pas provoquer l'effet escompté par l'auteur. Et d'un autre côté je ne peux m'empêcher de confirmer qu'il peut y avoir quelque chose de mystérieux dans cette expression. Comment la magie des mots choisis et assemblés peut-elle agir sur notre être d'une manière incompréhensible, sur le ressenti le plus profond de nous-mêmes, en créant l'émotion. L'émotion qui étreint l'âme. Des mots qui décrivent mieux que des photos, des films et autres vecteurs d'enregistrements la description d'une situation, d'un être dans des détails qu'on ressent familièrement. Les mots créent les sentiments et les sentiments créent l'émotion, une émotion qui peut être individuelle ou comme par exemple lors d'une lecture commune lors d'une réunion ou d'une émission de télévision. « La grande librairie » permet d'entrevoir des événements inattendus qu'on ne va pas chercher soi-même. Chaque émission est étonnante avec des thèmes passionnants comme celle sur le cosmos avec des penseurs, puis l'astronaute Thomas Pesquet, et aussi Hubert Reeves avec des mots précis allant droit à la question posée, et comme celle sur la poésie avec professeur et écrivains dont l'étonnant et attachant académicien François Cheng qui en quatre quatrains définit le mystère et l'étrangeté de la poésie qui lie l'intérieur de l'être humain à l'univers et l'univers tout entier à l'être humain et aussi « la rupture » à la fin du temps imparti. A quatre vingt sept ans avec ses mots lents et pesés, il m'a paru très convaincant.

Esprit critique.

Qui ne serait pas ému ou bouleversé par tout se qui se passe dans le monde à tel point que d'innombrables questions se posent à notre entendement. La plupart de ces questions ont déjà reçu des réponses par les éminents penseurs de notre temps et des autres du passé aussi, qui étaient confrontés à ce même problème. Ils expliquent les raisons des conflits et des guerres et les décrivent. Très souvent l'origine peut provenir d'un homme. Un homme en conflit avec sa femme, ou avec sa famille, puis avec d'autres hommes de son entourage. Des groupuscules s'associent entre hommes qui partagent les mêmes courants de pensée, des femmes les rejoignent. Des partis se créent, des personnes de plus en plus nombreuses les rejoignent, les groupes gonflent Des associations se créent de la même manière regroupant des personnes qui partagent les mêmes opinions ou qui pensent partager les mêmes revendications avec la notion « plus on est nombreux, plus on sera entendu ». De cette manière et depuis toujours les plus éloquents et forts de caractère mènent les groupes. De nombreux partis se forment dans le vaste échiquier politique comme dans le pays des droits de l'homme, la France que je considère comme le meilleur exemple dans la répartition et la reconnaissance des opinions. On entend souvent dire que les pays scandinaves sont des exemples, pourquoi pas mais leur spécificité particulière ne peut pas être comparée à d'autres pays. Le froid les met peut-être d'accord plus aisément. Les partis, groupes, associations conversent dans chacun de leur pays – votent prennent des décisions et interpellent d'autres pays limitrophes ou très éloignés, par l'intermédiaire de leur dirigeants ou représentants – face aux autres pays des désaccords peuvent se produire et même sans aucune relation, des conflits éclatent entrainant les désordres, les émeutes, les guerres civiles, ou guerres tribales, puis guerre à des niveaux plus étendus englobant de nombreuses nations. Une guerre généralisée peut éclater mettant en péril des êtres humains qui bien souvent n'en comprennent pas les raisons. L'escalade des guerres entraine les horreurs que l'humanité doit supporter pendant que des pays entiers n'en subissent aucune répercussion – mais si une guerre locale s'étend et englobe de nombreux pays, qu'elle se généralise, elle peut fortement s'étendre à tous les pays du monde – ce sera la guerre mondiale. Voilà à quoi l'on pourrait s'attendre, et si guerre mondiale il y aura, à notre époque il ne faut pas être naïf, ils se serviront des bombes atomiques et provoqueront l'horreur sur la planète, affirment certains. L'humanité dira « on aurait mieux fait de ne pas naître ». L'équilibre mondial a néanmoins un atout : c'est tout de même l'intelligence de l'être humain, car qu'il soit, dirigeant ou dictateur d'un pays quel qu'il soit, jamais il ne devrait appuyer sur le bouton rouge du déclenchement d'un désastre mondial. La raison est simple, tous les pays développés, détenteurs de la bombe atomique ou pire, hydrogène ou à neutrons, leur dirigeants s'abstiendront d'empoisonner une partie de la planète dans une volonté de conquête, car ils savent très bien, sinon eux-mêmes par leurs conseillers spécialistes, qu'une telle décision aura un effet boomerang – leur pays aussi subira l'empoisonnement nucléaire par les nuages radioactifs et personnes ne pourra rester longtemps dans son bunker antiatomique plus longtemps que deux semaines, un jour ils devront en sortir pour respirer l'air frais, qui ne sera plus frais du tout. L'autre raison est la réplique du pays agressé, puis l'effet associatif des uns avec les autres. Alliés et belligérants tous seront à la même enseigne, celle de la destruction de toute vie sur terre, même celle des animaux sauf les araignées, les scarabées, les scorpions et les cafards pourraient survivre. Ce scénario, personne n'en veut, seul un détraqué pourrait déclencher une guerre atomique « locale » - pas pour longtemps d'ailleurs car il serait immédiatement neutralisé, mais il aura eu le temps d'empoisonner toute sa région et de faire propager le nuage nucléaire autour de la terre – nuage qui au bout de quelques jours aura eu le temps de déverser son néfaste poison sur de grandes régions du monde, fuir sera aléatoire car les vents le feront propager jusqu'aux plus jolis endroits. Il existe encore une autre raison pour laquelle une guerre mondiale sera évitée, c'est le Conseil de Sécurité des Nations Unies, où tous les belligérants se concertent et les sages donnent conseil. Une dernière raison, c'est que tout dirigeant est soumis à un ultime contrôle…

Je vais vous dire ce qu'il faut faire

Pour que rebondissent les vieillards. Ce qu'on doit faire pour ne pas tomber dans la détresse, le désespoir face aux buts de la vie, je dois d'abord me convaincre en faisant le vide dans ma tête, regarder encore le ciel, voir la cime des arbres et le ciel et me dire : « Non je n'en suis pas là, je mange, je bois, je marche, je cours, je nage… Je l'ai déjà dit dans « la particule spirituelle » je le répète pour bien marquer la nécessité de lutter toute notre vie pour surnager l'incompréhensible et les tracas de la vie. Certains de mes amis et proches s'en vont doucement, d'autres sont déjà partis, les miens. C'est étrange, les sentiments de prémonition, la poésie aussi. Des pensées lourdes et furtives qui se répètent sans qu'on n'en saisisse la raison, une pesanteur s'oriente vers un événement auquel on ne s'attend pas vraiment, mais lorsqu'il survient on ne ressent pas la sensation de choc qui nous anéantirait immédiatement à notre tour. On doit survivre pour plein de raisons. En prenant de l'âge les forces diminuent, le corps devient pesant et ne suit plus physiquement comme avant, la fatigue est devenue constante et avec les mois elle incite à des repos plus fréquents et plus longs dans la journée. Les arthroses immobilisent et leurs douleurs en des points précis du dos, des muscles des jambes et dans les genoux ne faiblissent pas. Seul l'exercice physique comme la marche dissipe pour un temps leur désagrément. Parfois atténuées elles rattrapent le vieillard au petit matin et le clouent au lit. Les deux nerfs sciatiques alternent leur action qui commence au niveau des reins à partir des « L » de la colonne vertébrale et qui descend par le fessier, puis par la cuisse et la jambe pour aboutir au gros orteil. L'opération chirurgicale délicate du dégagement du nerf a un effet salutaire un certain temps. Le processus revient plus tard avec une progression dans les hanches. Dans les os iliaques, puis le fémur et la rotule du genou. Le fémur frotte contre la cavité dénuée de ligament graisseux, contre des nerfs à vifs. Les muscles qui se déchirent. Le repos allongé même de courte durée soulage légèrement de ces douleurs. Devant le dérèglement des habitudes et des traditions séculaires européennes, de nombreuses cultures inconnues maintenant s'y immiscent. Le monde tend à devenir multiculturel. Les personnes âgées seules sortent moins qu'avant, on les aperçoit rarement. Un jour l'une d'elles décide de rester au lit et réfléchit en regardant au plafond oubliant sciemment tout l'entourage matériel et se retrouve dans le monde de la pensée frustrée, dans une solitude souhaitée, elle influe sur la volonté de laisser partir ce monde à son destin incompréhensible. Toutes les pensées viennent se mêler les unes aux autres, alors que les paupières se sont déjà refermées pour mieux rêver, dans le sommeil, pour un temps.

Embouteillage, foule dans les rues, regards hagards, les gens s'observent, des discussions bruyantes entres hommes ou entre femmes ou entre hommes et femmes ou entre parents et enfants. Enfants libres, garçons rois à qui tout est permis et filles qu'on enferme. Explosion démographique mondiale, pollution des villes et des campagnes, musiques aux rythmes déglingués, aux sonorités monocordes et aux sursauts pauvres qui incitent à l'irritation et la fuite. Survient encore l'image avec la sensation que ceux qui nous côtoient ont dans leur for intérieur le sentiment pesant que les foules veulent tout écarter, oublier, piétiner. Éliminer les faibles et les vieux inutiles, car plus productifs ni financièrement ni physiquement aux idées révolues, attachés à leurs traditions personnelles. Place aux jeunes et aux cinquantenaires. Tout implose, tout explose de ma chambre à ma maison, à mon quartier, de mon quartier à ma ville, de ma ville à ma région, de ma région à mon pays, de mon pays au continent, des continents aux océans du monde, du monde au système stellaire, du stellaire au galactique, du galactique à l'amas, de l'amas au superamas, du superamas à l'énergie sombre, de l'énergie sombre au trou noir... Dans le cours de ce qu'était ma vie, je savais qu'après il y aurait peut-être quelque chose. Je ne savais pas quoi, je savais que tout de moi serait dispersé en particules et ondes. Particules là où elles se poseraient, tandis que les ondes se propageraient à raison de vingt-six milliards de kilomètres par vingt-quatre heures. Je rattraperai celles de ceux qui étaient mes chers disparus ou leurs bribes, en laissant les miens, mes êtres chers progresser sur notre planète où j'étais avec eux.

Non, non je n'en suis pas là ! Je resplendis la santé, je marche, je nage, je cours un peu, je mange, je bois. Je suis énergique, je tourne et retourne, je répare, j'améliore, je ne désespère de rien, je vis. Jeunes et moins jeunes occultent ces pensées et se consacrent à la lutte, à jouer des coudes dans leurs occupations professionnelles, à essayer de parvenir à la notoriété restreinte d'abord dans leur environnement immédiat pour tenter coûte que coûte, arriver au sommet hiérarchique de leur domaine particulier. Les fonceurs déterminés veulent atteindre la richesse provocatrice, la gloriole publique, artistique, économique ou politique, celle du sommet de toutes les ambitions. La gloire politique parfois démocratique, parfois despotique, un seul but réussir à convaincre une clientèle, un auditoire ou le peuple, qu'il a besoin d'elle ou de lui. Pour une propre satisfaction individuelle. Tous passeront par les dernières affres d'une survie temporaire, mais ils l'oublient. La violence et l'arrogance l'emportent avec insouciance jusqu'aux plus graves conflits, familiaux, voisinage, nationaux jusqu'aux guerres qu'on dit inévitables. Inévitables pour cautionner des décisions prises alors que c'est bien en amont qu'il faut résoudre les problèmes en toute sérénité. Il faut être courageux pour vivre sur terre. Si tu ne dépasses pas les autres, eux te dépasseront, si tu te retrouves parmi les derniers, les autres te piétineront et te relégueront encore plus en arrière, si tu stagnes au milieu gare à toi, le processus te rattrapera, si tu arrives à avancer tu devras te confronter d'abord aux plus forts que toi, si tu hésites ils te supplanteront, même d'un quart de point. Si tu grimpes, ce sera la bagarre psychologique, celles de tes neurones qui devront réagir plus vite et à bon escient et si tu es suffisamment percutant tu peux franchir une étape. Pour convaincre il s'agira d'avoir toujours un raisonnement logique et équilibré afin de résoudre les problèmes et avancer des idées de progrès comme font les professionnels des investissements, ils savent où ils peuvent avancer de l'argent pour en récolter plus.

78

L'âme est scientifique

Les raisons du mysticisme s'expliquent. Nous ne sommes pas tranquilles concernant notre vision du mystique. L'après vie est utopique ou mystérieuse. On y pense, mais on ne va pas au bout de notre réflexion, quelque chose bloque. C'est ce que j'aurais voulu dire aux grands physiciens, scientifiques.

On ne prend pas de position définitive, lorsqu'on dit « on ne sait pas… » Comme Socrate, ou « chacun selon son for intérieur », « la foi est l'affaire personnelle de chacun ». Pourtant il s'agit d'une interrogation capitale. J'ai découvert plus de trois choses, par moi-même d'abord, puis en partie grâce à mes lectures et mes rencontres. J'avais un sentiment depuis longtemps incrusté en moi sans pouvoir le décrire, alors c'est ce que j'essaye de faire dans ce petit recueil.

1- Les « neurones miroirs », j'ai lu des explications époustouflantes.

2- Mon dada à moi, « les ondes électromagnétiques ».

3- « Les ondes hertziennes ».

4- « Les neutrinos » selon les explications des astrophysiciens.

5- Autres « ondes porteuses » que peuvent suggérer les scientifiques physiciens, je sais qu'ils ont de nombreuses idées à commencer par les particules élémentaires au LHC, notamment les « bosons » W+, W- et Z°, les neutrinos transformés en taus et muons, évoqués plus haut.

6- « L'aura » qui entoure tout être pensant, ressemblant étrangement à la « magnétosphère » qui entoure notre planète d'un pôle à l'autre. Mais « l'aura » n'est pas l'approche la plus intéressante, car trop facile à déterminer, à saisir scientifiquement par de très simples capteurs. Il y a encore autre chose.

7- Le « cerveau quantique » selon Roger Penrose avec ses nanomicrotubes et ses neurones capte, d'après ses explications l'âme immortelle. « The Quantum nature of consciousness ». Les nanomicrotubes du cerveau en relation avec l'extérieur par la neurochimie du cerveau. Ce point de vue avait aussi été développé par Stephen Hawking il y a quelques années suite à la NDE de son frère. Les deux amis se seraient-ils concertés ? C'est bien possible.

Je pense que nous existions avant notre naissance, comme le disent les astrophysiciens, sous forme d'atomes dans les spermatozoïdes et les ovules de nos ascendants et dans ceux au-delà jusque dans les poussières d'étoiles, les nébuleuses, les gaz, la mélasse ionique jusqu'au big bang avec sa lacune de « l'énergie noire » et même en deçà. Nous existerons de la même manière « après » - cela est facilement prouvable scientifiquement par l'évolution darwinienne, les réponses récentes de Cédric Villani qui avait répondu d'une manière inattendue à une question, lors d'une émission télévisée, lorsqu'on lui avait demandé s'il était « croyant ». Il avait répondu « c'est personnel » puis peu après, qu'il était agnostique – il ajouta : « après la vie nos atomes retournent à l'univers ». C'est cela l'éternité. Ce que les autres scientifiques tardent à aborder ce sont bien les 1-2-3-4-5-6-7 éléments de mes questionnements. Je crois que l'après-vie se trouve là et c'est ce que les Jésuites et les religions appellent « l'âme éternelle » destinée à l'au-delà. A propos des ondes hertziennes et électromagnétiques, si l'être humain a su les capter, les maitriser et les utiliser, ce n'est que le début de l'exploration de la transcendance, peut-être les prémices de la téléportation également. Les scientifiques font constamment de nouvelles découvertes. Si les images et les sons peuvent être téléportés, la matière le sera de plus en plus avec de nouvelles découvertes, d'autant plus les réminiscences neuronales qui sont des ondes, « avant, pendant et après » jusqu'aux bords courbes de l'univers dans une dimension qui n'est plus l'espace-temps terrestre. Énormément de mystères ne sont pas encore élucidés, mais on peut sentir qu'il existe des raisons de croire à l'aspect scientifique de l'âme. Je crois que cela est important pour l'avenir de chacun, de mieux comprendre où l'on en est par rapport au passé. Vous voyez que je ne suis pas spécialement bigot.

A ce propos il m'est inévitable de revenir sur ce que je pensais avant. Bien jeune déjà j'avais forgé des pensées qui me restent jusqu'à présent et qui m'ont conduit à ma passion, bien qu'amateur, du cosmos et de l'infiniment petit.

Comment ne pas penser à Stephen Hawking, décédé le 14 mars 2018, il y a quelques jours, dont les cendres seront inhumées au mois de juin prochain à l'Abbaye de Westminster, près de la tombe d'Isaac Newton et Darwin et qui dans ses études des « trous noirs » par ses calculs poussés à l'extrême ne voit plus l'anéantissement total de tout ce qui a été englouti par les bords des trous noirs, mais au bout du cône surgit « un trou blanc » une sorte de résurrection mystérieuse de la matière et du rayonnement, dans une autre dimension. Ces deux notions comme les mathématiques les plus poussées pour lesquelles mes amis matheux m'ont confirmé cette affirmation, rejoignent inévitablement et nécessairement la philosophie. Jusqu'à la poésie rêveuse avaurait bien pu le dire Nina Berberova.

L'âme est scientifique parce qu'au vingt et unième siècle, elle s'explique par la science, elle est contenue comme dans une gaine qui englobe quelques câbles invisibles mais qui existent bel et bien en science. Ces « câbles » invisibles sont conducteurs d'esprit, on a déjà bien entamé ce processus avec la révolutionnaire « fibre » (bien qu'elle traîne un peu partout d'une manière désordonnée dans le mobilier urbain).

Des milliards de réminiscences tournent et évoluent autour de nous, à droite, à gauche, au-dessus, en-dessous. Des milliards de milliards d'atomes, d'ondes qui nous appartiennent personnellement sont éternelles. Ces facettes des particules élémentaires, ondulatoires, de la force faible et de la force forte font partie de la consistance de l'univers et ne disparaissent jamais. Les électrons dans l'infiniment petit tournent autour des atomes à une vitesse incroyable dans le monde quantique, à la vitesse de la lumière. La particularité de ces éléments est qu'ils tournent « en boucles » groupées et serrées. La distance d'une boucle par rapport au noyau est énorme, c'est l'orbite de l'électron par rapport au noyau de l'atome. Comme déjà mentionné avant, si l'on compare le noyau de l'atome à une balle de ping-pong, son électron lui tournerait autour, mais à un kilomètre de distance, l'intervalle étant le vide absolu. L'esprit de ceux qui nous ont quittés est toujours là. Stephen Hawking se posait la question s'il devait considérer la conscience comme étant en dehors du corps, mais c'est notre cerveau qui crée tout ce que nous voyons et ce que nous ressentons ainsi que les raisons des réponses très précises que nous recevons dans cet environnement. Est-ce encore mon cerveau qui organise tout ce scénario ? Non, en tout cas pas uniquement mon cerveau, l'information me vient aussi de ce qui m'entoure, je suis assailli par des ondes, des particules quantiques qui réorganisent ma façon de voir et de ressentir les choses, elles viennent façonner des sensations claires et précises dans ma tête, une véritable vidéo très réaliste à trois dimensions. C'est encore plus tangibles dans nos rêves, car les rêves permettent de prendre du recul en nous faisant même retrouver la perception du toucher, du goût, de l'odeur, du bruit des sons, une vision des choses environnantes et imaginées jusqu'à des réflexions comme mathématiques avec des formules complexes, équations à plusieurs inconnues résolues dans la limpidité et l'évidence. Résultats évidents, mais fastidieux et insoluble en période éveillée. L'âme est scientifique. Ou plutôt, c'est l'esprit de l'âme qui est une constante résultant de particules élémentaires débusquées par la science. La « composante » d'éléments connus forme l'esprit de l'âme des êtres vivants. L'âme est éternelle, puisque ses composants le sont.

Si les neutrinos traversent tout l'univers de toutes parts sans aucune entrave, ils traversent galaxies, matière, notre corps par milliard, l'âme n'a pas encore divulgué tous ses secrets, mais elle peut accompagner cette particule. Les ondes électromagnétiques et photoniques foncent bien jusqu'aux confins des bords de l'univers, les ondes hertziennes en sont composées et l'être humain sait reproduire les images, les sons les voix et recréer des êtres fictifs à l'apparence toute réelle mais intouchable. Les neurones miroirs influent tous les êtres ainsi que « l'aura » qui les entoure en se mouvant dans l'univers. La combinaison de tous ces éléments en dehors de la matière corruptible est l'esprit de l'âme des êtres vivants qui résident par milliards de milliards dans la transcendance de l'univers jusqu'à ses confins. Ils s'éloignent, reviennent et évoluent à la vitesse de la lumière. Toutes les religions et toutes les croyances en l'âme ont raison, mais elles ne savent pas et n'osent pas expliquer comment cela se réalise, elles utilisent donc, des légendes, des histoires, des dogmes et les peurs.

Certaines citations sur des sites internet soutiennent des affirmations scientifiques, comme celle de David Kitson de Perth en Australie. Les humains émettent aussi des photons et des « blackbody radiations » autour d'une fréquence de 12 microns ce qui est extrêmement faible mais ces fréquences peuvent aussi atteindre un niveau visible entre

400nm et 700nm. Ces radiations peuvent effectivement être considérées comme l' « aura » du corps humain, celles-ci sont aussi d'après lui « EM » (électromagnétiques). L'auteur de cette affirmation ajoute qu'il ne pense pas que ces radiations sont biologiques, elles ne produiraient que de la lumière et pourraient être considérées comme l' « aura » du corps humain, qui lui fait partie du domaine biologique. Autrement dit, la chimie peut produire de l'électricité comme une pile, résultant de « la force forte ». Il ajoute, qu'il n'en sait rien. Ces radiations sont similaires aux radiations « Béta » dans l'effet « Corona ». Les spécialistes ne s'avancent pas au-delà de ces affirmations car ils ne veulent pas mélanger le physique au spirituel, mais confirment uniquement l'aspect visible. Sans bien entendu se lancer dans des utilisations malsaines de ceux qui profitent de l'imagination et de la faiblesse des gens non avertis. Certains scientifiques vont jusqu'à affirmer que tout n'est que « vibration » jusqu'aux atomes. Puis les cultures hindouistes et bouddhiques englobant les chakras composés de « corps astral » - « corps spirituel » - « corps mental » - « pensée consciente » - « pensée inconsciente » - « pensée et son potentiel caché ». En Russie à Saint Petersourg parmi les chercheurs, Konstantin Korotkov a déterminé avec le professeur Bensen en 2001 que la pensée « apparaît » dans l' « aura » des humains avant qu'une quelconque activité électrique ne soit détectée dans le cerveau. Notre conscience « électro photonique » est à l'origine de toute « pensée ». Donc en provenance de l'âme, de l'extérieur. Les Russes ont cette patience d'approfondir les mystères du cerveau, depuis l'influence des druides, des chamanes et des starets religieux des forêts profondes des temps du Moyen âge, et aussi de Fiodor Dostoïevski.

Selon Peter Carides de Johannesburg, Afrique du sud, les « auras » biologiques sont communément définies comme champs électrostatiques gravitant autour de notre corps. On peut même les photographier en augmentant l'intensité du champ électrostatique du corps humain à l'aide d'une méthode connue sous le nom de « Kirlian photography ». Le champ n'est pas une radiation électromagnétique, selon lui, il n'émet pas d'ondes radio, il n'y a pas de fréquence DC et pas non plus de phase positive ou négative (encore qu'elle peut s'évanouir ou se combiner avec le plasma intérieur de la terre). Ces radiations ne sont pas non plus d'après lui, ionisantes, donc photoniques.

L'écrivain Allan Duke est passionnant, ses analyses sont très sensées et attrayantes car logiques. Si on se laisse aller à vider son esprit de tout ce qu'on a accumulé le long d'une vie et qu'on se laisse entraîner par ses convictions (celles d'Allan Duke), un certain malaise peut survenir qui annihile la joie de vivre. Se baser sur des croyances préhistoriques sumériennes et autres qu'il démontre être la seule base des croyances contemporaines, sur laquelle tous les schémas ont été copiés sans vraiment tenir compte de l'évolution de l'histoire et de l'intelligence humaine, le métissage de la population mondiale comme seule alternative au bienêtre des humains, tout cela me paraît insuffisant malgré la logique de ses pensées. Il me semble que chaque région du monde tient à ses racines, à son histoire et à son patrimoine culturel – personne ne m'en prouvera le contraire. Mais je l'ai lu et je n'en lirai pas d'autres.

Mais le physicien théoricien et astrophysicien Marc Lachièze-Rey dit que nous sommes composés de matière ; nous baignons dans la matière et cependant les physiciens ont encore du mal à définir de quoi il s'agit exactement. Selon la physique quantique, la matière n'est plus localisée dans l'espace, elle n'est pas décrite en termes de corpuscules, mais en termes de champs quantiques, dont certaines propriétés semblent défier le sens commun, comme les rayonnements électromagnétiques par exemple et les interactions nucléaires.

Ces affirmations précèdent celles de Roger Penrose, il me semble, mais leur concept est bien celui qui touche au plus près l'âme éternelle prouvée scientifiquement.

Igor et Grishka Bogdanov ont cité et fait référence aux travaux des physiciens et des mathématiciens qui ont décortiqué des mystères complexes à l'aide de leurs équations et aussi par leur réflexion comme Karl Weierstraas, Bernhard Riemann, Gauss pour la « singularité initiale, les nombres irrationnels - « Dieu a fait les nombres et le reste des mathématiques est fait par l'homme » - « les nombres qui relient le zéro à l'infini », « le zéro de la sphère de l'univers », Von Neuman, Heinrich Lorentz pour la conservation des grandes symétries, Eddington et son nombre physique, Hermann Minkowski, Heisenberg physiciens allemands, Hilbert, Theodor Kaluza, Oskar Klein, Max Planck et les limites extrêmes, Richard

Feyneman prix Nobel, Steven Weinberg aussi prix Nobel l'énergie du point zéro, Edwin Schrödinger « équation d'onde », Paul Dirac prix Nobel de physique, Euler et sa formule « e puissance π plus 1 égale 0 », John Wheeler, « la force qui combine cinq constantes mathématiques fondamentales de l'univers », Gérard t'Hooft, Bethe « la singularité initiale de l'espace-temps » et Roger Penrose et bien d'autres génies qui ont contribué à faire avancer la compréhension de l'univers. Les frères Bogdanov ont contribué à décortiquer les sciences physiques cosmologiques et essayé d'entrevoir l'origine et la destinée de l'être humain. Ils font la synthèse alors que les autres ne la font pas, c'est là leur originalité d'avoir débusqué « une information avant toute chose » - « une pensée » bien avant la « singularité initiale ». Leur vision commune rejoint celle de Penrose, Hawking, Lachieze Rey et modestement la mienne.

Le corps martyrisé par la maladie de Stephen Hawking a provoqué la plus profonde réflexion sur la provenance du meilleur de l'intelligence humaine. Les scientifiques ci-dessus n'excluent pas que l'âme se trouve à l'extérieur du corps physique où c'est le règne de l'âme cosmique inextinguible. L'énergie du corps émane du cosmos et anime les enveloppes que nous sommes jusqu'à épuisement des forces du corps. Un corps dont la vie l'a quitté se dégrade très rapidement, matière en matière, atomes se transforment et les forces ne quittent pas le cosmos, telles que les ondes électromagnétiques, neutrinos, rayonnements et radiations diverses.

L'esprit était avant – demeure pendant le séjour sur la Terre ou sur une autre planète pourquoi pas – et demeure après dans l'éternité déjà connue et familière auparavant. Certains scientifiques parlent même « d'imaginaire », d'autres « d'énergie ». Si tout est énergie, le matériel est illusion temporaire puisqu'il se transforme inéluctablement un jour en énergie. Penrose dit aussi je crois que l'âme rejoint le cosmos, en fait elle ne le quitte jamais.

Là où je n'explique plus rien, c'est la raison de l'existence d'une nécessité de créer la vie, pour la détruire après – un amusement, peut-être, mais de la part de qui, là c'est une autre question. (*Conceptions cosmologiques*). Les Épicuriens avaient décidé de savoir et de profiter de ce qui est possible, j'ajouterai tout en respectant la liberté des uns là où s'arrête celle des autres. Les bonnes lois de la société. Quant aux Stoïciens, la permanente discussion et l'analyse de la pensée, de l'état de vivre, de la morale, du châtiment et de l'ordre dans la société – ce sont eux qui passent plus de temps à discuter qu'à travailler au bienêtre temporaire de l'homme sur terre, mais ce sont eux aussi qu'on écoute le plus, parce qu'on se pose des questions fondamentales auxquelles ils croient apporter une réponse, sans en être certains eux-mêmes.

A la fin de tout, nous baignerons dans Sa plénitude, à laquelle sera soustraite notre personnalité propre, pour sa gloire, ou rien, ou encore une plénitude insoupçonnable.

Divertissement

Le Gnomon et le cadran solaire

Jeunes et vieux amateurs astronomes ou bricoleurs. Il est encore temps ces jours-ci, disais-je en mars, alors qu'on peut le faire à n'importe quel moment de l'année en réfléchissant à l'ombre portée que fait le bâton face au soleil, d'édifier son propre « gnomon » chez soi, dans son jardin, sur une terrasse ou sur son balcon. Choisir un pieu, un bâton bien rectiligne d'un peu plus d'un mètre de long et l'enfoncer bien verticalement dans la terre, sa longueur devra être exactement un mètre.

C'est un exercice intéressant pour les enfants et aussi pour les lycéens, car c'est une source de raisonnement géographique et de géométrie dans l'espace.

Attention, surtout ne pas regarder les Soleil en face.

Lorsqu'il fait beau par intermittence et que le soleil perce de temps en temps, on peut mesurer la taille de l'ombre portée du bâton, projetée sur la surface de la terre par le rayonnement solaire. Le bâton étant vertical, il est amusant de constater qu'à 10 heures l'ombre mesure approximativement 1,40 mètre (plusieurs mètres au lever du Soleil à partir de la base du bâton). Il faudra mesurer cette ombre de temps en temps, à midi, à treize heures (heure de Paris) puis à 16 heures – 18 heures – 20 heures, tant que le Soleil le permettra ainsi que les obstacles présents. Treize heures, heure de Paris à l'équinoxe de printemps est très intéressante car il s'agit de 12 heures en temps universel TU. Il faudra recommencer le lendemain et les jours suivants et tenir une éphéméride qui montrera les évolutions de notre étoile. Le jour de « l'équinoxe de printemps » le nombre d'heure de la journée équivaut exactement au nombre d'heure de la nuit à un moment très précis (à 17h15TU certains affirment 06h29) selon les éphémérides astronomiques spécialisés (L 05.55h - C 18.02). Les jours qui vont suivre vont continuer à augmenter en temps d'ensoleillement par rapport à la nuit, de quelques fractions de seconde jusqu'à quelques minutes et plus et ce jusqu'au solstice d'été (le jour le plus long avec nuit la plus courte). Puis le temps d'ensoleillement diminuera progressivement jusqu'à l'équinoxe d'automne où comme pour celui du printemps, le nombre d'heures d'ensoleillement sera égal au nombre d'heures de nuit – commencera alors le processus contraire, la nuit s'allongera de plus en plus par rapport au jour jusqu'au solstice d'hiver le 21 décembre. Puis l'ensoleillement croîtra progressivement à nouveau jusqu'à l'équinoxe de printemps et le cycle continue inexorablement.

Pour le « Gnomon, cadran solaire », pour être précis, il faut lui inculquer un angle spécial par rapport à la perpendiculaire, verticale à la surface-plan de la Terre du lieu (perpendiculaire à la tangente) et la direction du Soleil. Ainsi l'on pourra lire l'heure exacte naturelle. Le plus simple est de pointer le bout du bâton vers le Soleil à midi TU, c'est à dire 13 heures de Paris, l'ombre se « ratatine » sur elle-même en un seul point. Le point zéro du midi.

Ensuite on étalonne les heures par rapport aux angles chaque heure, en constatant que l'ombre s'allonge, alors qu'elle se rétractait le matin.

Lire l'ombre portée du bâton à la verticale est intéressant pour constater le parcours du Soleil par rapport à la surface de la Terre. Longueur de l'ombre et l'angle.

Lire l'ombre portée du bâton incliné (vers le Soleil à midi pile) à ce degré déterminé, permet de constater l'heure naturelle, encore qu'il faille que le ciel soit dégagé et beau.

La « croisée » de l'équateur de la Terre avec le plan de l'écliptique se fait le 20 mars, les astronomes ont calculé son temps très précis à 17 heure 15 TU cette année - Cet instant est « le Point Vernal » au-dessus d'un lieu qui est aléatoire, mais en regardant le ciel que l'on situe entre la constellation du Bélier et celle des Poissons. Le méridien de Greenwich étant le méridien de référence géographique. Le « point vernal » détermine énormément de choses pour les scientifiques astronomes, les géologues et les mathématiciens. Les cartomanciennes et autres diseurs de bonnes aventures l'utilisent pour leurs activités.

L'ombre du bâton mesure 1,25 à midi. Mais se ratatine en un seul point sur le cadran solaire. Il existe de nombreux sites d'astronomie, dont les sites officiels internationaux de référence.

Références

http://www.cosmovisions.com/Anaxagore).

Bio field global research, inc. – we are electrical Beings, formed of a complex array of electrical phenomena.+

RogerPenrose:https://www.youtube.com/watch?v=3WXTX0IUaOg/rogerpenrose

The quantum nature of consciousness, Roger Penrose, UK

Lectures d'ouvrages d'astrophysiciens et journaux spécialisés

Note : J'ai évité des citations pour rester dans le domaine public.

Table des matières page

Achevé d'imprimer en mai 2018

LYS EDITIONS AMATTEIS

77190 Dammarie-les-Lys, France
imprimé aux USA

Dépôt légal mai 2018

www.ingramcontent.com/pod-product-compliance
Lightning Source LLC
Chambersburg PA
CBHW070852280326
41934CB00008B/1404